O LIVRO DO SOL

Gabriel Chalita

Doutor em Direito e em Comunicação e Semiótica
Mestre em Direito e em Ciências Sociais
Presidente do Conselho Nacional de Secretários de Educação
Secretário de Estado da Educação de São Paulo
Membro da Academia Paulista de Letras

© Companhia Editora Nacional, 2006
1ª edição © LTR, 2000
2ª edição © Atual Editora, 2003

Presidente	Jorge A. M. Yunes
Diretor superintendente	Jorge Yunes
Diretora editorial	Beatriz Yunes Guarita
Gerente editorial	Antonio Nicolau Youssef
Coordenador editorial	Fernando Santos
Editora	Sandra Almeida
Assistente editorial	Edson Yukio Nakashima
Coordenadora de preparação e revisão	Marília Rodela Oliveira
Preparadores e revisores	Edgar Costa Silva
	Irene Hikichi
	Nelson José de Camargo
	Sérgio Limolli
Editora de arte	Sabrina Lotfi Hollo
Assistentes de arte	Erica de Oliveira Mendonça Rodrigues
	Priscila Zenari
	Thatiana Kalaes
	Tiago Oliveira
Produtora editorial	Lisete Rotenberg Levinbook
Capa e projeto gráfico	Maria Del Mar Reyes

Dados Internacionais de Catalogação na Publicação (CIP)
(Câmara Brasileira do Livro, SP, Brasil)

Chalita, Gabriel
  O livro do sol / Gabriel Chalita. – 3. ed. –
São Paulo : Companhia Editora Nacional, 2006.

ISBN 85-04-00970-X

1. Biografias 2. Celebridades I. Título.

06-0630   CDD-809.93592

Índices para catálogo sistemático:
  1. Biografias : Homens ilustres : Literatura   809.93592

2006
Todos os direitos reservados

Av. Alexandre Mackenzie, 619 – Jaguaré
São Paulo – SP – 05322-000 – Brasil
Tel.: (11) 6099-7799
www.ibep-nacional.com.br
editoras@ibep-nacional.com.br

Oferecimento

Ao amigo iluminado
Luciano Pereira Barbosa

Bem-aventurado será o gênero humano
Se seu coração obedecer ao Amor,
O mesmo a quem o próprio Céu estrelado obedece.

Boécio

Índice

Introdução	7
Capítulo 1 - Alexandre, o guerreiro do sol	13
Capítulo 2 - Maria e Virgulino, amor no domínio do sol	39
Capítulo 3 - Beethoven, o sol da música	59
Capítulo 4 - Francisco, o sol maior	71
Capítulo 5 - Martin Luther King Jr., o sol das minorias	83
Capítulo 6 - Guimarães Rosa, o namorado do sol	103
Capítulo 7 - Fernando Pessoa, o sol da poesia	127
Conclusão - O sol continua a brilhar	155

Introdução

Sol, luz que incendeia, ilumina!

No ano de 2000, escrevi este livro junto com os outros dois que fazem parte da Trilogia da Vida: O Livro dos Sonhos e O Livro dos Amores. Escrevi de forma despretensiosa. Escrevi como um leitor atento que se apaixona pelos clássicos e que sonha popularizá-los. Escrevi como viajante que convida os outros para a jornada, para a contemplação da paisagem que fica à beira do caminho.

Cada livro é como que um candelabro que clareia, incendeia a alma de seu leitor. Como todo livro, este cumpriu o seu destino. Pronto. Acabado. Lido. Comentários carinhosos de amigos me fizeram entusiasmar com o relançamento, agora com a Atual Editora. O livro foi revisado. Uns rabiscos aqui, outros acolá, corrigiram alguns equívocos da primeira edição. Mas a obra continuou com o mesmo espírito: revisitar histórias fascinantes que se fizeram farol, guia, luz.

O sol. Seu calor. Seus mistérios. Sua magia. Sua grandeza. Desde os idos tempos histórias e mais histórias, mitos, enredos de peças e poesias retrataram a grandeza do Astro Rei que, soberano, aquece a humanidade. Mitos maldosos de reis desastrados que se derreteram. Preces comovidas de quem buscava energia, vida, luz. E mais alguns cientistas que, aos poucos, iam mudando sua posição, seu olhar sobre o sol.

A ciência cumpriu e cumpre seu papel. Os estudiosos dos movimentos, das posições, do calor saíram do espectro mítico para comprovações mais detalhadas que outrora. Mas a poesia. A mesma dos amantes e dos loucos. Essa continua tendo no sol um outro clarão, uma outra inspiração. Como o luar. Como o anoitecer e o amanhecer. Como as estrelas. Cada genial criatura ocupa um espaço no cosmos e no coração das mulheres e dos homens que se permitem observar.

A perfeita obra da criação se faz mais bela pela capacidade humana de contemplá-la. De transformá-la. De habitá-la com galhardia e amor. A história foi sempre iluminada pelo calor do sol e de tantos sóis que se fizeram humanos para que o mundo fosse tomando uma nova energia. Histórias fascinantes de pessoas que não se esconderam nas sombras, mas que se portaram como guias com o destino claro de cumprir um mister. Altaneiros. Sofreram, choraram, gritaram, sentiram, amaram, viveram. E vivem. Porque a vida é uma eterna novidade e outros artistas continuam protagonizando o espetáculo que não pode parar nunca. E para isso é preciso coragem. Sem regente, o silêncio dos instrumentos não utilizados perturba a platéia, que clama por uma nova sinfonia.

Os sóis foram muitos e viveram de forma diferente em cada momento da inquietante história da humanidade. Não haveria livro suficiente para relatar a vida dessas pessoas iluminadas, até porque muitas delas viveram no anonimato, em pacatas regiões desconhecidas, mas viveram, tocaram vidas, empreenderam sonhos e aqueceram de esperança o coração de muita gente.

As histórias escolhidas foram relatadas sem a preocupação de trazer todos os detalhes biográficos. É um enredo que se preocupa mais com alguns momentos, com alguns clarões que poderão servir de inspiração para a leitura mais detalhada de cada uma das personagens ou para o desejo de imitá-las, de perceber o quê de luminoso existe em cada um de nós e que pode ser descortinado para servir também de farol. São histórias conhecidas. Personagens memoráveis, apaixonantes, que despertaram admiração, medo, fascínio, delírio. Personagens que incendiaram e incendeiam mentes e corações.

O sol dos músicos é a Nona Sinfonia de Beethoven, a grandiosidade perfeita da música mundial, que suscitou, por exemplo, comentário de Claude Debussy: "A Nona Sinfonia foi o pesadelo de todos os compositores que vieram depois de Beethoven. Eles a tomaram como um ideal a ser alcançado. Depois perceberam que era uma tarefa impossível". Beethoven era romântico o bastante para dizer: "O que está em meu coração precisa sair à superfície. Por isso tenho que compor". Mas era arrogante a ponto de exigir sentar-se ao lado do anfitrião à mesa. Beethoven podia se dar a esse luxo, sabia que era extraordinário. Ele sabia onde estava o sol. E o buscava.

Como buscou o sol o escritor mineiro Guimarães Rosa. E o encontrou no sertão de Minas Gerais, e o encontrou dentro de si mesmo. Assim é o sertão de Rosa. Ora particular, pequeno e próximo; ora universal e infinito, pois "o sertão é o mundo" ou, melhor ainda, "o sertão é dentro da gente". Mas nem sempre a luz do sol está livre de nuvens. Em matéria publicada na revista *Leitura*, em outubro de 1958, e intitulada "Escritores que não conseguem ler *Grande Sertão: Veredas*", o poeta Ferreira Gullar alegou que não conseguira ir além das setenta primeiras páginas do romance, que lhe parecia "uma história de cangaço contada para lingüistas". Por sua vez o escritor baiano Adonias Filho, também ouvido na ocasião, afirmou: "A obra de Guimarães Rosa, apesar do interesse que possa oferecer, constitui um equívoco literário que necessita ser imediatamente desfeito".

Passadas quatro décadas da publicação do livro, a razão parecia estar mesmo com Afonso Arinos de Melo Franco que, já em 1957, sentindo o cheiro de obra-prima, advertia mineiramente: "Cuidado com esse livro, pois *Grande Sertão: Veredas* é como certos casarões velhos, certas igrejas cheias de sombras. No princípio a gente entra e não vê nada. Só contornos difusos, movimentos indecisos, planos atormentados. Mas aos poucos, não é luz nova que chega; é a visão que se habitua. E, com ela, a compreensão admirativa. O imprudente ou sai logo, e perde o que não viu, ou resmunga contra a escuridão, pragueja, dá rabanadas e pontapés. Então arrisca-se chocar inadvertidamente contra coisas que, depois, identificará como muito belas".

O sol, na história da humanidade, tem sido vinculado ao fenômeno da criação do universo ou do cosmos. Em torno dele foram criados mitos que embelezam muitas culturas, sempre em referência a um ciclo contínuo de nascimento e destruição, como na crença de povos pré-colombianos da América Central em cinco sóis que comandam mundos sucessivos.

Muitas histórias da criação assumem a eternidade da matéria, assim como do próprio mundo. O sol está aí para provar isso. Todo santo dia, ele se ergue e cumpre a sua trajetória celeste. Haverá maior eternidade do que essa? Em todas as histórias, o elemento básico é a luz que surge da escuridão — o nascimento. Aí está o sol. Começo de tudo. O que faz florescer e o que retira o mundo da ignorância e do não-ser.

Este foi o papel, por exemplo, de Martin Luther King Jr., o negro que se insurgiu contra o racismo e a discriminação reinante naquele que se supunha ser o país mais avançado do mundo. E, rebelando-se contra a segregação, tornou-se um sol de liderança, como um novo Ghandi, pregando e desempenhando a não-violência.

A mesma não-violência, elevada à máxima potência da doçura, foi o mote da vida do sol maior da irmandade, Francisco de Assis, homem santo, iluminado. Generoso, entregava aos pobres tudo o que tinha e tudo o que lhe davam. Diziam que era louco, porque chegou ao exagero de pregar aos pássaros, na sua ânsia de louvar a Deus.

— *E que disse ele às avezinhas que nada entendem?*
— *Não sei se nada entendem* — *disse outro, pensativo.* — *Os passarinhos o escutaram com toda atenção como convinha a palavreado tão agradável a Deus, eu suponho. Os que estavam pousados nos ramos se imobilizaram ali. E todos atentos inclinavam as cabecinhas, ouvindo as palavras santas. Parece que entendiam. Parece bem que entendiam.*

Não queremos aqui contar histórias, mas vidas. E, às vezes, pequenos incidentes, mais do que eventos gloriosos, nos dão melhores evidências de caráter. Assim como os pintores são mais exatos na pintura de rostos, que revelam os sinais do caráter, do que na do resto do corpo, devemos prestar mais atenção às marcas que revelam as almas dos homens.

Adolfo Casais Monteiro disse que a obra de Fernando Pessoa testemunha uma intemporalidade quase absoluta, não havendo nela nem passado nem futuro, mas apenas um eterno-atual que é o verdadeiro tempo em que devem de fato viver os grandes imaginativos. A qualquer momento de sua poesia é impossível situá-lo como um antes ou um depois em relação a qualquer das partes. A vida de Pessoa é, na verdade, a vida ideal do poeta. Ele era, como homem, a imagem da imobilidade. Ninguém quis ser menos aparente ("Fui como ervas, e não me arrancaram").

Morreu cedo o escritor português. Mais cedo que ele, mas depois de trajetória também intensa, um outro guerreiro de outras terras perseguiu a luz da vida. Numa estonteante jornada de conquistas de onze anos, o jovem Alexandre da Macedônia conquistou o mundo da época, do Egito à Índia. Com ele difundiram-se as instituições gregas e a língua grega, que se tornou modelo do mundo antigo. Em seu reinado de guerra, ele teve um amplo campo onde exercitar sua coragem e marcar seu lugar na história. Desdenhou uma vida de conforto, mas foi sempre um grande patrocinador das artes e do aprendizado, herança talvez do mestre Aristóteles. Apreciava e encorajava a caça e as artes marciais. Foi o sol da Grécia e guiou o país de volta ao clássico lugar de honra. No seu tempo, a escultura helenística ergueu o Colosso de Rodes, uma das setes maravilhas do mundo antigo. Na pintura, sobressaía-se Apeles. Na poesia, notabilizavam-se Teócrito e Menandro. O historiador mais célebre, Políbio, iniciava suas pesquisas. Na filosofia, apareciam Zenon, Pirro, Diógenes e Epicuro. Também viveram nessa época Euclides, o pai da Geometria, e Arquimedes, o pai da Física. Alexandre liderava essa constelação. Mesmo quando a civilização clássica greco-romana caiu em declínio, nos primeiros anos da era cristã, o espírito de Alexandre ainda iluminava a Hélade.

Em tempos mais modernos, outro guerreiro contava as sagas modestas de outros heróis. Anônimos heróis. Nos tórridos rincões do Nordeste brasileiro, liderando gente sertaneja desprovida de justiça, Lampião uniu-se a Maria Bonita e lançaram-se a governar o sertão. O cangaço passou a ser, com eles, uma profissão, com um conjunto de normas que se poderia chamar de ética sertaneja. Eram representantes do banditismo social, que tem por raízes fatos de natureza econômica e ordem social, e acreditavam estar credenciados a fazer justiça em seu próprio nome, a desmandos de outros. Em suma, inadaptados. Em suma, fortes. E com essa força construíram mitos.

Os mitos, pois, não perderam, e ao que parece não perderão assento nas civilizações do mundo, sejam eles personagens das lendas ou da história.

Disso trata este livro. Deixaremos falar nestas páginas, pela metáfora do sol, personagens que, ao redor do mundo, adoraram o sol e, em torno dele, ou em nome dele, ou sob a sua luz, ergueram as suas civilizações, as suas obras, os seus amores. Sol, força e amor, mitigando a escuridão e levando ao sonho e à completude do universo.

Gabriel Chalita

Capítulo 1
Alexandre,
o guerreiro do sol

"Eu bem preferiria superar os outros homens em conhecimento do que em poder político", confessou Alexandre, o Grande, às margens do rio Nilo, em Rakotis, lugar onde ordenou fundar a cidade a ser consagrada a ele.

Alexandria foi assim construída pelo arquiteto grego Dinócrates. Segunda maior cidade e porto principal do Egito, ela floresceu e se tornou uma influente metrópole cultural, política e econômica; dados dessa pompa ainda persistem. Conhecida como capital dos Ptolomeus, abrigou, além do farol — uma das sete maravilhas do mundo antigo —, uma das mais significativas bibliotecas do mundo. Foi em Alexandria que ocorreram fatos trágicos da História, séculos mais tarde, com personagens como Cleópatra, Júlio César, Marco Antônio e Otaviano.

Pouco afastado dali, num pequeno país onde as sementes da civilização moderna foram lançadas há mais de vinte e cinco séculos, começa esta nossa história. A antiga Grécia tinha 77 mil quilômetros quadrados e dominava vastas regiões, da costa mediterrânea à costa do mar Negro. Limitava-se ao norte com a Macedônia.

Os gregos da Antiguidade nunca chegaram a formar um governo nacional, porém os unia a mesma cultura, religião e língua na época. Esparta e Atenas eram as duas mais destacadas cidades-estado gregas. Os atenienses constituíram a democracia-padrão na Grécia clássica; os espartanos, por conservarem padrões de vida análogos aos de um exército isolado, sofreram poucas mudanças políticas, permanecendo sempre com as particularidades de um Estado aristocrático. Embora Esparta e Atenas lutassem constantemente pela hegemonia grega, no fim do governo de Péricles explodiu uma das guerras mais longas e violentas do mundo antigo, e que passou para a História como a Guerra do Peloponeso. Mas esses contínuos choques bélicos entre as cidades gregas somente conseguiram enfraquecer a unidade do país. O país do norte, a Macedônia, valeu-se dessa fragilidade, e em 338 a.C. Felipe II derrotou os gregos e anexou a Grécia ao império macedônio.

Muitos acreditavam, após a conquista da Grécia, que Felipe II tramava submeter os persas. Verdade ou não, o rei não conseguiu alcançar seu intento, pois foi assassinado por Pausânias em 336 a.C., subindo ao trono seu filho Alexandre.

Alexandre contava, então, 20 anos, e era considerado culto e admirador do helenismo. Deu continuidade na Grécia à obra de Felipe. Invadiu Tebas e a destruiu; tomou Atenas. Depois do triunfo em Grânico, submeteu a Ásia Menor e realizou novas conquistas. Morreu em 323 a.C. Depois de sua morte, divergências e lutas entre os generais causaram a divisão do império em três vastos reinos: o do Egito, o da Síria e o da Macedônia.

Alexandre era claro, de cabelos louros e olhos azuis. Buscava a glória, a ação e desejava a fama em vez de fortuna e deleite. Os relatos sobre as vitórias do pai e o poder que herdara não o entusiasmavam — ele se entristecia por não restar muito por que lutar quando fosse rei. Ao menos, ele supunha isso.

Conta Plutarco que no dia em que Alexandre nasceu, o templo de Diana em Éfeso foi incendiado. Os oráculos do Oriente viram o fato como prenúncio de que, naquele dia, a força que arrasaria a Ásia tinha chegado ao mundo.

Alexandre, durante grande parte de seu trajeto, contou com Bucéfalo. Esse esplêndido cavalo foi trazido por mercadores para o

Rei Felipe, mas não havia quem ousasse montá-lo. Os mercadores transportavam o animal de volta quando Alexandre lamentou a perda do lindo animal só porque ninguém conseguia domá-lo. Felipe, a princípio, ignorou o menino, mas Alexandre insistiu. O rei, então, disse ao filho:

— Tu te arvoras em criticar aqueles mais velhos, como se soubesses mais, como se pudesses ser melhor que eles?

Alexandre apenas se dispôs a montá-lo, e todos riram. Apostou o preço do animal e animou-se a tentar. Percebera que Bucéfalo temia a própria sombra, então colocou-o com a cara para o sol. Selou-o, pôs-lhe bridão, puxou-o pelo cabresto por um trecho, batendo-lhe levemente quando apresentava resistência.

De repente, pulou sobre o cavalo e manipulou as rédeas doce, mas firmemente, até amansá-lo. Aí deixou Bucéfalo cavalgar a toda brida, incitando-o com autoridade.

O rei e os demais assistiam tensos, quando, então, Alexandre parou de cavalgar, voltando vitorioso.

— Meu filho — disse o Rei Felipe com lágrimas nos olhos —, deves encontrar um reino mais soberbo, porque a Macedônia é muito pequena para ti!

Feito isso, Felipe ordenou chamar Aristóteles, o pensador grego, para tutelar Alexandre. Seria mais fácil guiá-lo pela razão do que pela imposição, prática dos professores em geral. Mostrava interesse por tudo que lhe proporcionasse aprendizado. A *Ilíada* era de longe o seu livro favorito. Levava sempre uma cópia, anotada por Aristóteles, nas suas campanhas.

Ainda Plutarco: "Aristóteles tinha uma profunda influência sobre Alexandre, que dizia amá-lo tanto quanto a Felipe — seu pai que lhe dera a vida, e seu professor que o ensinara a usá-la".

Quando Felipe saiu para liderar uma campanha contra os bizantinos, deixou a Macedônia sob comando de Alexandre, com apenas 16 anos. Enquanto o rei estava fora, a comunidade Maedi se rebelou, mas Alexandre mostrou-se firme: montou um exército, esmagou a revolta e rebatizou a cidade como Alexandrópolis, em honra a si mesmo.

Retornando, Felipe nomeou Alexandre comandante da cavalaria na Batalha de Queronéia, e o príncipe conduziu o combate que possibilitou a conquista de Tebas. Para orgulho de Felipe, entre os soldados, surgiu o dizer de que, se Felipe era o general, Alexandre era o rei, tamanha sua coragem precoce.

A vida doméstica de Felipe com a mãe de Alexandre, Olímpia, foi conturbada. Uma cobra encontrada na cama o fez fugir da mulher. Olímpia enfureceu-se com os novos casamentos do rei e conseguiu pôr Alexandre contra o pai, tal seu rancor e ciúme.

Na festa de casamento de Felipe com Cleópatra (homônima daquela que, séculos depois, seria a tão famosa rainha do Egito), o tio da jovem noiva, Átalo, embriagado, no intuito de que Cleópatra gerasse um sucessor macedônio, pediu ao povo que rezasse pela vinda da criança. Furioso, Alexandre agrediu Átalo declarando ser ele o herdeiro.

Bêbado, Felipe apoiou Átalo, ameaçando o filho com uma espada. Alexandre rompeu com o pai e, acompanhado da mãe, deixou a Macedônia.

Recebendo a visita de um amigo, Felipe, em conversa com ele, tomou ciência do seu ato e trouxe o filho de volta. Mas por breve tempo.

Arrideus, filho de Felipe com outra mulher, embora nascido saudável, teve o cérebro lesado por drogas que Olímpia lhe dera.

O sátrapa de Caria, pretendendo uma aliança familiar com Felipe, sugeriu casar sua filha com Arrideus. Olímpia convenceu amigos de Alexandre a ajudarem-na a intrigar o filho com suspeitas de que Felipe faria de Arrideus seu herdeiro. Ao ator Thessalus coube a missão de levar a proposta ao sátrapa de casar sua filha não com Arrideus, mas com Alexandre, o que de pronto aceitou.

Quando Felipe soube da proposta de Alexandre, indignou-se e repudiou a atitude do filho de aliar-se a um homem que era apenas o escravo de um rei bárbaro. Disse-lhe não ser merecedor do trono e puniu Thessalus e os amigos do filho. Olímpia vingou-se instigando Pausânias a assassinar Felipe porque o rei se negara a punir Átalo, homem que o havia ferido. Vitoriosa, Olímpia foi além: torturou Cleópatra, a detestada rival, até a morte.

Um menino ocupando o trono da Macedônia gerou revolta nos Estados vizinhos e nas cidades gregas. Alexandre foi orientado por seus conselheiros a desistir de subjugar os gregos e concentrar-se em manter o controle sobre as nações bárbaras do norte. Uma vez que os gregos fossem tratados com bondade, deixariam de lado a revolta.

Alexandre recusou os conselhos, vistos como demonstração de fraqueza. Se os aceitasse, perderia sua imagem de poder, estimulando o ataque inimigo. Desta forma, iniciou os combates: primeiro marchou sobre Trácia e Ilíria e pôs fim às oposições das tribos daquela região. A paz parecia reinar quando Alexandre voltou-se para o sul e atacou a Grécia.

Em Tebas, eclodira uma revolta: os demagogos incentivaram os demais gregos a aderirem à revolta contra a dominação macedônia. Atenas também excitou-se com os discursos rebeldes do líder Demóstenes.

Depois de marchar duas semanas, Alexandre exigiu, diante dos muros de Tebas, que a cidade lhe entregasse os líderes rebeldes, oferecendo perdão àqueles que se rendessem. Um insulto foi a resposta. Alexandre destruiu a cidade, matou 6 mil habitantes e vendeu os sobreviventes como escravos. Esse exemplo severo eliminou nas demais tribos qualquer rastro de resistência. Atenas, a primeira a confirmar aliança com a Macedônia, recebeu tratamento indulgente. Daí em diante, Alexandre mostrou brandura aos sobreviventes tebanos que encontrou. Libertou os outros povos e concedeu-lhes governo próprio, sob o seu protetorado.

A seguir, os representantes dos gregos se reuniram em assembléia em Corinto e fizeram de Alexandre o seu líder na guerra contra a Pérsia. Nomeado, quando políticos e filósofos o saudavam, Alexandre notou a ausência de Diógenes. Foi visitá-lo em sua casa e achou-o deitado, tomando banho de sol. Atencioso, o macedônio perguntou se havia algum favor que um rei lhe pudesse prestar. Diógenes teria respondido:

— Sim, não me fazer sombra.

A comitiva se pôs a rir, mas Alexandre os interrompeu:

— Riam, se quiserem, mas, se eu não fosse Alexandre, escolheria ser Diógenes.

No ano de 334 a.C., cerca de 40 mil soldados de infantaria e perto de 4 mil de cavalaria acompanharam Alexandre à Ásia Menor. Ele só possuía 70 talentos para pagar-lhes (quantia bastante para o salário de uma semana desse exército), e apenas trinta dias de provisões. A dívida salarial que contraíra com seu exército somava 200 talentos. Tudo o que tinha, gastara para garantir o sustento das famílias dos soldados. Um de seus generais perguntou o que guardara para si mesmo e Alexandre respondeu:

— Minha esperança.

Recusando então a pensão que Alexandre lhe oferecia, o general lhe disse:

— Seus soldados serão seus parceiros nessa batalha.

Com essa resolução, Alexandre e seu exército atravessaram o Helesponto para a Ásia e chegaram a Tróia. Foi a mais assombrosa e romântica viagem de Alexandre, talvez inspirada pelos versos da *Ilíada* e influenciada pela poesia de Homero para refazer a rota marítima da frota de Agamenon. Ungiu com óleo a lápide do túmulo de Aquiles (de quem dizia descender por parte materna) e desfilou nu com os companheiros, como era de costume, jurando executar a meta a que se determinara: ocidentalizar o Oriente.

Entretanto, os persas, com 20 mil soldados de infantaria e 20 mil de cavalaria, haviam acampado ao lado do rio Grânico, para brecar a travessia de Alexandre. A posição dos inimigos era boa porque o rio era fundo e as margens, altas. A missão parecia impossível, mas trinta esquadrões de cavaleiros foram levados por Alexandre sob uma chuva de setas, pelas margens com lodo, aproximando-se do inimigo com uma estratégia banal: cavalgou a favor do sol. Os atiradores persas não enxergavam, enquanto os macedônios disparavam à vontade. Também o brilho da armadura emplumada de Alexandre o tornava alvo preferencial das setas persas; enquanto isso, os macedônios prosseguiam. Na margem onde estavam os inimigos, um capitão persa desferiu um golpe de machado que abalou Alexandre, mas Crito interferiu amputando-lhe o braço antes que matasse o rei. Alexandre chorou abraçado ao amigo. Nesse momento, a falange macedônia chegou, e logo o exército persa fugia, desfalcado em 20 mil soldados e 2.500 cavaleiros; Alexandre perdeu 34 homens.

Essa vitória inicial mudou tudo. As demais cidades costeiras se renderam, com exceção de Halicarnasso e Mileto, que foram tomadas à força.

O mais difícil para Alexandre estava por vir: manter as conquistas. Tomou a Lícia de surpresa e depois rumou ao norte, sobre a Frígia. Lá, na cidade de Górdio, aceitou o desafio do nó górdio, um nó intrincado que segurava hastes de carruagens. Uma lenda dizia que quem desfizesse o nó seria o imperador do mundo. Alexandre, em vez de tentar desatá-lo, tirou a espada e decepou o nó.

O Rei Dario III, da Pérsia, dirigia-se a Susa com um exército de 60 mil homens. Alexandre ficou em Clícia por certo tempo, o que foi visto pelos conselheiros de Dario como temor do rei macedônio de deparar-se com o poder persa. No entanto, a demora de Alexandre se dava por estar se recuperando de uma grave doença. Os médicos da corte receavam dar-lhe remédios, porque, caso falhassem e o rei morresse, os macedônios os responsabilizariam. Mas um deles, Felipe, o Acarnânio, arriscou tentar salvá-lo, arriscando a própria vida pela de Alexandre.

Uma carta de Parmênion a Alexandre o avisava que o médico o envenenaria, subornado pelo Rei Dario. Alexandre leu a carta e escondeu-a sob o travesseiro; não a mostrou a ninguém. Quando o médico deu-lhe o remédio, Alexandre mostrou-lhe a carta e bebeu a poção, sorrindo, enquanto o médico a lia. Curou-se rapidamente.

Marchou para a fronteira entre a Síria e a Clícia e venceu o exército de Dario III. O terreno íngreme atrapalhava a cavalaria persa. Dario tentou escapar da armadilha em que ele mesmo se colocara sob o ataque dos gregos e macedônios. Fugiu, abandonando carruagem, arco, manto e milhares de soldados mortos e feridos.

Entre os prisioneiros persas estavam a mãe, a esposa e as filhas de Dario. Alexandre disse às mulheres que nada temessem: lutava com Dario apenas pelo seu império, e não pelos seus despojos pessoais. O jovem macedônio tinha fama de ser cortês com as mulheres e ter respeito ao casamento. Dizia que o sono e o ato de criar lembravam-no de sua condição humana; a estupidez da natureza humana nascia da mesma fraqueza geradora da preguiça e da luxúria.

Alexandre também controlava extremamente a alimentação. Dizia que uma longa marcha antes do café da manhã incentivava o bom apetite, e que um desjejum frugal gerava apetite para o jantar. Nunca jantava antes de escurecer; fazia longas refeições porque gostava de ficar acordado até tarde entretido com boas conversas regadas a vinho. Apreciava bons vinhos, mas mais falava que bebia. Quando possível, escrevia, lia e caçava.

Mas esse homem educado tinha contrastes de alma. Tomou as praças de Sídon e Damasco para exigir as posses ali deixadas pelo exército persa. Cada soldado de Alexandre enriqueceu com os despojos das conquistas. Alexandre tencionava que seus homens sentissem o gosto da riqueza e assim se animassem mais e mais com as conquistas dos territórios.

No entanto, em Tiro, Alexandre encontrou enorme resistência e somente depois de sete meses pôde entrar na cidade. Irritado com essa resistência, que o imobilizou enquanto Dario formava novo exército, mostrou seu lado bárbaro, mandando degolar 8 mil homens e vender outros 30 mil como escravos.

Seu exército sitiava Tiro, quando Alexandre dirigiu-se à Arábia. Um dia, ficou para trás do grupo porque seu velho mestre, Lisímaco (que ele costumava comparar a Fênix, o guardião de Aquiles), não podia andar com rapidez. À noite, encontrou-se em perigo: muito atrás de seu exército e desprovido de fogo para aquecer-se no deserto. Avistou acampamentos inimigos e rastejou com cautela para um deles, matou dois soldados inimigos com sua adaga e voltou trazendo um galho em brasa para acender a própria fogueira. Isso fazia parte de Alexandre — sempre encorajava seus homens com um exemplo pessoal de coragem diante do perigo.

Durante os sete meses em que Tiro esteve cercada, Dario escreveu algumas vezes para Alexandre, negociando o resgate dos prisioneiros. Ofereceu-lhe também uma das filhas em casamento caso ele se satisfizesse apenas com o domínio dos países a oeste do Eufrates. Alexandre aconselhou-se com os amigos sobre a oferta. Parmênion disse que, se fosse ele, aceitaria com prazer.

Alexandre teria respondido, segundo relatos que ecoam no tempo:

— Eu também, se fosse Parmênion. Mas, como sou Alexandre, mandarei a Dario uma outra resposta.

E esta foi a resposta: "Toda a Ásia é minha, com todos os seus tesouros. O dinheiro que me ofereces já é meu. Quanto à tua filha, se quiser me casar com ela, eu o farei, com ou sem a tua aprovação. Se há alguma coisa que queiras de mim, podes vir aqui pessoalmente e pedir. Senão, irei pessoalmente até onde estás".

Depois de dominar Tiro e Gaza, Alexandre foi para o Egito. Na boca do Nilo fundou a cidade de Alexandria, concluída em 332 a.C., buscando a conquista de um sonho: os oráculos tinham predito que Alexandria viria a ser uma grande cidade habitada por pessoas do mundo inteiro.

Alexandre decidiu tentar uma longa viagem até um oásis no meio do grande deserto egípcio para visitar o templo do deus Amon. Enfrentou dificuldades como escassez de água e tempestades de areia. Contudo, prosseguia com coragem e boa sorte; nem a natureza era inimiga tão poderosa para detê-lo. Logo as chuvas resolveram os problemas de água e ventos carregados de areia. Quando a tropa se perdeu, apareceram corvos que os guiaram durante o dia; à noite, gritavam para mostrar o caminho.

No templo de Amon, Alexandre consultou o oráculo para saber

se lhe seria permitido conquistar o mundo, e a resposta foi positiva. De volta ao Egito, acolheu a rendição de todos os países a oeste do Eufrates. Concentrou-se em perseguir Dario e seu novo exército, dessa vez com uma quantidade bem maior de soldados.

Os dois exércitos se avistaram em Gaugamelos, perto de Nínive, em 1º de outubro de 331 a.C. Um ruído assustador vinha dos vastos acampamentos bárbaros. Alguns generais de Alexandre o aconselhavam a atacar à noite, evitando o grande risco de enfrentar tal força à luz do dia. Mas Alexandre replicou que não roubaria a vitória. Para ele, tinha de ser uma conquista disputada.

Para alguns, a decisão pareceu imatura, mas a estratégia era sábia: se Dario perdesse a luta à luz do sol, dada sua posição, não haveria derrota como essa, e jamais conseguiria suporte para nova tentativa, apesar da riqueza de gente e de recursos persas capazes de uma guerra longa. Assim Alexandre e sua tropa descansaram até de manhã, e acordaram alertas e felizes depois de um bom sono.

Para cavalgar entre o inimigo antes das batalhas, Alexandre montava outro cavalo. Queria poupar Bucéfalo, que já dava sinais de velhice, cavalgando-o apenas na hora da luta, comandando o ataque. Naquele dia, Alexandre deu uma longa palestra aos tessálios e a outros gregos, que reagiram com altos brados quando o rei ergueu o gládio para os céus, como um pedido aos deuses de vitória. Naquele instante, uma águia voou na direção dos persas, e a coincidência inflamou os soldados. Os cavaleiros dispararam, seguidos pelas falanges macedônias. Surpresos, os persas iniciaram fuga, perseguidos por Alexandre até onde estavam Dario e seus melhores homens. Entocados pelos próprios homens em fuga, os comandantes persas não puderam atacar. Dario foi circundado por cadáveres que quase cobriam os cavalos de sua carruagem. Montou uma égua e mais uma vez abandonou o seu exército.

Parmênion, que conduzia a ala esquerda, enviou mensagem urgente a Alexandre. Dizia que, caso não chegassem reforços da frente para a retaguarda, os persas tomariam o acampamento grego e toda a bagagem. Alexandre enviou resposta a Parmênion dizendo que não mandaria reforços. Ocupava-se em vencer e pedia que o comandante não temesse. Se isso acontecesse, recuperariam não somente suas bagagens como também as do inimigo; se perdessem, a preocupação com as posses seria descartada, pois estariam ocupados em morrer bravamente como homens.

Sem oposição, Alexandre marchou sobre a Babilônia, que se rendeu imediatamente. Depois foi para Susa, onde se apossou do ouro abundante e outros tesouros. Rumou a Persépolis, onde passou o inverno com seus homens (de janeiro a maio de 330 a.C.). Dario, no meio tempo, fugiu para o norte, com pequena sobra de sua força, antes magnífica.

Antes de perseguir Dario, Alexandre deu uma festa aos oficiais. Permitiu a presença de mulheres, entre elas a cortesã chamada Taís, de Atenas. Depois de extraordinária bebedeira, Taís anunciou que lhe encantaria ver queimar o palácio erguido pelo Rei Xerxes, responsável pela demolição de Atenas. Disse ela que, mesmo as mulheres que acompanhavam Alexandre, pretendiam maior vingança contra os persas que todos os generais gregos que haviam tentado antes. Decerto a proposta teve boa acolhida entre os soldados embriagados, Alexandre entre eles. Levantou-se, bêbado, e comandou a turba, que cantava e dançava, portando uma tocha acesa. Quando o resto ouviu o barulho e soube do motivo, juntou-se a eles na tarefa. Todos acreditavam que, incendiando o palácio do rei persa, Alexandre estaria sinalizando certamente sua intenção de voltar à Macedônia, em vez de permanecer entre os bárbaros. No entanto, mal começou o fogo, Alexandre ordenou apagá-lo.

De tudo o que Alexandre obteve de Dario, uma caixinha cravejada de jóias era o que havia de mais valioso, e dizia-se que era o maior tesouro que ele agora possuía. Mas Alexandre refutou, para encerrar o assunto, que de tudo que tinha, nada igualava em honra a cópia anotada da *Ilíada*.

Entre os presentes remetidos de volta à Grécia, um grande montante de incenso e mirra foi para o seu tutor Leônidas porque, um dia, quando Alexandre era ainda uma criança, Leônidas o aconselhara a nunca usar muito daquelas especiarias nos sacrifícios, recomendando:

— Quando tiveres conquistado os países onde estas coisas crescem, poderás ser mais liberal, mas, por ora, não desperdices o pouco que tens.

Alexandre acompanhou o presente com a seguinte nota: "Enviamos bastante incenso e mirra para que não tenhas que economizar nos sacrifícios aos nossos deuses".

A generosidade natural de Alexandre aumentou na medida de sua prosperidade, e ele ofertava com uma graça que fazia o presente ser realmente apreciado. Por exemplo, para Aristo, que matara um inimigo e exibira a cabeça como prova, Alexandre respondeu sorrindo, ao ouvi-lo dizer que a recompensa para a tarefa, no país dele, era uma taça de ouro:

— Sim, uma taça vazia. Mas eis aqui uma cheia de bom vinho, para um brinde pelos seus bons serviços e pela amizade.

De uma outra vez, um dos soldados ajudava uma mula que levava uma parte dos tesouros de Alexandre. A mula estava muito cansada para continuar, e o soldado pôs a carga sobre os próprios ombros. Alexandre perguntou o que ocorrera, e o soldado contou que estava levando a carga porque a mula havia perdido a força para levar o tesouro. E complementou que ele próprio estava na mesma situação.

— Não desista — disse Alexandre. — Carregue esta carga até o fim da jornada, e depois para sua própria tenda, e fique com ela para você mesmo.

Alexandre se enervava mais freqüentemente com aqueles que rejeitavam sua bondade do que com os que abusavam dela. Sua mãe, Olímpia, sempre escrevia para recomendar que não fizesse os amigos ricos a ponto de chegarem a ser reis pelo poder de comprar apoio, enquanto ele mesmo empobreceria por causa da generosidade. Alexandre enviou à mãe vários presentes e permaneceu sempre em contato com ela, mas refutou seus conselhos. Isso a enfurecia, embora Alexandre lidasse pacientemente com as crises. Olímpia também tentou interferir no governo da Macedônia, e Antípatro, o governador, enviou a Alexandre uma longa carta plena de queixas contra ela. O rei comentou, então, com seus amigos:

— Antípatro não percebe que uma lágrima de mãe apaga dez mil cartas como esta.

Os soldados de Alexandre, ricos, viciados pela luxúria, começaram a descuidar do treinamento militar. Ele os censurou suavemente, perguntando se tantas lutas e agruras não os ensinaram que o esforço leva à riqueza e que a luxúria leva à sujeição.

— Não aprenderam ainda que a honra e a perfeição de nossa vitória consistem em evitar os vícios que tornaram os nossos inimigos tão fáceis de derrotar?

A falta de exercício particularmente o preocupava. Dizia que o soldado verdadeiro tinha que ocupar-se tanto do equipamento que levava (o próprio corpo) quanto da armadura e da montaria. E exemplificava: em vez de aproveitar com indolência os dias de folga, caçava leões. Mas seus partidários, já ricos, começavam a demonstrar arrogância. Estavam exaustos de marchar e de lutar. E passaram a denegrir o líder.

No começo, Alexandre tolerou. Mas nunca consentiu qualquer desacato à sua reputação de soldado, mais valiosa para ele do que sua vida e suas riquezas. E para resgatar essa reputação, empreendeu uma campanha enlouquecida e sanguinária. A fúria de conquista transfigurou Alexandre, e ele sentiu-se um deus vingador, um justiceiro. Embora conquistasse o Oriente, naquela situação parecia que era o Oriente que o conquistava. Avançou sobre a aldeia de onde haviam saído os homens que, no ano de 480 a.C., profanaram o templo de Mileto, e pensou ser sua missão punir o antigo insulto. Matou, um a um, todos os habitantes do lugar: homens, mulheres, velhos e crianças. Esse era Alexandre, capaz de mandar que se respeitasse a casa do poeta Píndaro e, ao mesmo tempo, cometer brutalidades absurdas.

Finalmente, chegou o momento de encontrar Dario. Depois de cobrir mais de 600 quilômetros em onze dias, Alexandre e seus soldados quase morriam de sede. Alguns batedores macedônios tinham trazido odres de água de um rio afastado e ofereceram a Alexandre um elmo cheio. Quase sufocado pela sede, entretanto, ele recusou a água e disse:

— Não há água suficiente para todos. Se eu beber, os outros continuarão com sede.

Quando os homens ouviram isso, atiçaram os cavalos para frente e clamaram a Alexandre que os guiasse. Com tal rei, diziam, enfrentariam qualquer inimigo.

Nesse momento, alguém apareceu com a notícia de que Besso, um dos generais do exército persa, irado com Dario, que ameaçava fugir, traíra-o e mantinha-o prisioneiro em seu próprio acampamento. Alexandre incitou o cavalo a uma marcha tão veloz que apenas 160 dos seus cavaleiros puderam segui-lo. Quando chegaram ao acampamento, Dario morria, e só teve tempo de lamentar a um soldado macedônio não ter podido viver o suficiente para agradecer a Alexandre pela polidez com que tratara sua mãe, sua esposa e seus filhos. Dario chegou ao seu fim em 330 a.C., morto pelas mãos de seu general.

Alexandre cobriu Dario com seu próprio manto e sinceramente lastimou sua morte. O corpo foi enviado para que a mãe do persa fizesse um funeral digno. Besso foi aprisionado poucos meses depois. Alexandre ordenou que fosse espancado até a agonia e depois tivesse o nariz e as orelhas decepados. A seguir o traidor foi atado a galhos de árvores esticados, que, soltos, o esquartejaram.

Em Pártia, Alexandre descansou o exército. Foi lá que provou pela primeira vez vestes bárbaras, como se vencer os bárbaros implicasse assumir seus hábitos. A atitude desagradou aos soldados, mas eles optaram por tolerar certas extravagâncias em comandante tão exemplar.

Avançou até a Báctria e a conquistou em 328 a.C. Ali, entre os cativos, viu Roxana, a filha do rei. Alexandre casou-se com ela seguindo todas as regras cerimoniais bactrianas para um casamento oficial em vez de tomá-la à força. Essa prova de autocontrole e respeito à cultura do povo vencido rendeu-lhe a admiração dos assim chamados bárbaros.

Heféstion era o amigo que mais aprovava a aceitação dos costumes estrangeiros por Alexandre, no que o imitava, enquanto Cratero se mantinha fiel aos hábitos macedônios. Para lidar com os bárbaros, Alexandre se valia de Heféstion e de Cratero com os gregos. Mostrava mais afeto a Heféstion e mais respeito a Cratero. Ambos sentiam um claro desconforto diante dessa situação e chegaram a se bater abertamente à vista dos soldados.

Enquanto isso, entre a tropa crescia o ressentimento pelo fato de Alexandre ter preferido usar roupas estrangeiras. Para os bárbaros, ele se converteu num déspota oriental, ordenando ser tratado como o filho de uma divindade. Mas, com os gregos, Alexandre era mais comedido. Dizia que Deus era o pai de todos os homens, entretanto era um pai melhor para os melhores filhos. Entre os amigos, não conservou a personalidade que projetava para os bárbaros; essa divinização ganhou proporções insuportáveis quando, em 324 a.C., Alexandre declarou que renunciava ao Ocidente e à cultura grega.

Filotas, o filho de Parmênion, considerado o primeiro entre os macedônios depois do próprio Alexandre, deixou-se levar pelo orgulho e passou a ser odiado entre os soldados. Por muito tempo Alexandre ouviu críticas a ele, e Parmênion, muitas vezes, aconselhou ao filho que demonstrasse mais humildade. Filotas era um dos maiores opositores da pretensa divindade de Alexandre e tramou uma conspiração. Alexandre descobriu a intriga e obrigou Filotas a confessar diante da tropa. Na confissão, o rebelde comprometeu o próprio pai, e o rito macedônio de punição foi executado: Filotas foi morto a pedradas, e o pai, mesmo sem provas de culpa, morreu apunhalado por um mensageiro de Alexandre.

Pouco depois, Alexandre matou pessoalmente seu melhor amigo, Crito. Fora presenteado com frutas frescas da Grécia e, como era de costume, chamou alguns amigos para partilhar da guloseima. Entre eles, Crito. Quando estavam todos embriagados de vinho, alguns começaram a cantar uma canção de reprovação contra alguns macedônios que haviam perdido uma batalha contra os bárbaros. Os mais velhos se injuriaram, mas Alexandre e os mais jovens se divertiam e instigaram os cantores a prosseguir. Crito apontou que não era bom entreter os bárbaros com provocações aos macedônios, especialmente quando as vítimas da sátira eram homens superiores àqueles que os criticavam, ainda que tivessem tido má sorte.

Alexandre brincou que Crito falava por si mesmo, dando à covardia o nome de má sorte. Crito ergueu-se e desafiou:

— Essa covardia, como parece te aprazer chamar, salvou tua vida de filho de deus na batalha de Grânico. E esses pobres macedônios de quem te ris, com as suas feridas abertas, foram quem te fizeram grande a ponto de desonrar teu pai e chamar a ti mesmo filho de Amon.

Ofendido com as palavras, Alexandre ameaçou Crito:

— Pensas que não serás punido por essas palavras?

Crito inflamou-se:

— Pensas que não fomos punidos, já? Se esse desrespeito é a recompensa pelos nossos trabalhos, então teremos sorte se não formos obrigados a pedir aos persas licença para ver o rei.

A acusação foi excessiva para Alexandre, que agarrou uma adaga e a lançou em direção ao peito de Crito, que caiu, morto, ao lado da mesa de banquete.

O drama íntimo do lendário guerreiro foi este: feito física e espiritualmente para a missão de conquistar o mundo, viu-se conquistado por ele. Cedeu ao fastio, ao cansaço, ao orgulho, à prepotência.

Durante toda aquela noite e todo o dia seguinte, Alexandre chorou angustiado, até se acabarem as lágrimas e ele ficar abandonado em seu catre, suspirando.

Assim permaneceu até que os amigos trouxeram, para vê-lo, Calístenes, amigo de Aristóteles, e um outro filósofo, Anaxarcos. Calístenes usou de alguns argumentos morais, mas Alexandre não reagiu. Foi Anaxarcos quem acordou Alexandre de sua depressão, dizendo:

— Então aqui está Alexandre, o Grande, temido no mundo inteiro.

Olha para ele, deitado, soluçando, porque teme o que os outros homens dizem dele — como se não fosse ele quem lhes dá a lei e quem estabelece as fronteiras entre a justiça e a injustiça. Ele, que conquista, é o mestre do mundo, não o escravo das opiniões de homens menores.

Com palavras como essa, Anaxarcos consolou Alexandre mas degenerou seu caráter, fazendo com que voltasse a repetir os mesmos erros anteriores. Esses dois filósofos competiram pela alma de Alexandre. Os aduladores e parasitas já odiavam Calístenes e brigavam em conseqüência de sua popularidade entre os soldados, jovens e maduros. Os jovens simpatizavam com a simplicidade e frugalidade do filósofo; os mais velhos, com a sua eloqüência. Mas seus inimigos diziam que Calístenes parecia ter uma atitude de superioridade. Raramente aceitava convites para festas, e, quando ia, preferia manter silêncio, como se reprovasse as ocorrências.

Numa noite, Calístenes compareceu a um local em que muitas pessoas tinham sido convidadas para jantar com Alexandre. Quando a taça foi passada para Calístenes, ele foi convidado a dizer uma oração de improviso aos macedônios. Falou com tanta eloqüência que todos os presentes o aplaudiram de pé e lhe lançaram flores. Alexandre disse que era fácil ser desenvolto a respeito de um tema tão bom e desafiou Calístenes a contar os defeitos dos macedônios e o que fariam para ser melhores no futuro. Calístenes era um prestigiado orador, mas tinha mau julgamento. Foi tão profundo em narrar os defeitos dos macedônios que passou a ser execrado por eles. Dizem que morreu acorrentado na prisão sete meses depois; outros dizem que foi enforcado.

Alexandre pretendeu invadir a Índia, mas seus soldados estavam tão destreinados que marchavam devagar demais. Um dia, ao amanhecer, depois que todos os carros estavam completos, Alexandre ateou-lhes fogo, ao seu próprio carro também, e depois mandou que o resto do exército repetisse o gesto. Por esse tempo, Alexandre mostrava-se muito severo e não suportava desobediências. Embora alguns se entristecessem com a decisão, a maioria se alegrou ao ver seus objetos bárbaros destruídos pelo fogo.

O Rei Taxiles reinava sobre uma grande parte da Índia. Quando soube que Alexandre chegava, foi encontrá-lo pessoalmente em sinal de paz. Ele afirmou, então:

— Por que fazermos guerra uns contra os outros, se a razão da tua vinda não é nos roubar a água ou a comida? Por essas coisas eu lutaria. Mas riquezas ou outras posses, se as tenho em maior volume que tu, ficarei feliz em repartir.

Essas palavras gentis agradaram Alexandre, que respondeu:

— Pensas que tuas gentis palavras e cavalheiresca atitude evitarão uma batalha entre nós? Não, não te deixarei ir tão facilmente. Lutarei contigo nos seguintes termos: não importa quanto me dês, mais te darei de volta.

Taxiles então presenteou Alexandre com objetos valiosos, e Alexandre retribuiu com presentes de ainda maior valor, cobrindo-o com incontáveis quantias em moedas de ouro. Essa generosidade desapontou os amigos de Alexandre, mas alegrou os corações de muitos indianos.

O Rei Porus, no entanto, negou-se a se submeter e ocupou uma área para evitar que Alexandre cruzasse o rio Hidaspes. Porus tinha um porte grande e, quando montado no seu elefante de guerra, aparentava ter a mesma proporção de um homem comum montado num cavalo. Depois de longas batalhas, Alexandre venceu, e Porus foi trazido a ele como prisioneiro.

Alexandre perguntou que tratamento ele esperava, e Porus replicou:

— Como um rei.

Quando Alexandre repetiu a pergunta, e Porus replicou que suas palavras significavam tudo o que um homem provavelmente pudesse desejar, Alexandre consentiu que Porus mantivesse o seu reinado como um sátrapa e ainda lhe deu mais domínios.

Porém, foi uma vitória difícil. Muitos macedônios morreram, e também o velho cavalo de batalha Bucéfalo. Isso abalou tanto Alexandre que ele parecia sentir ter perdido um amigo antigo. Naquele ponto mandou construir uma cidade, e nomeou-a Bucefália.

Vitória tão árdua sobre apenas 22 mil indianos (em junho de 326 a.C.) esfriou o ímpeto dos macedônios. Não se estimularam quando Alexandre propôs atravessar o Ganges, um rio de mais de 6 quilômetros de largura e 200 metros de profundidade, para encontrar na outra margem um exército de 200 mil soldados de cavalaria, 80 mil de infantaria, 8 mil carruagens e 6 mil elefantes de guerra. Alexandre encolerizou-se tanto com a obstinação que se fechou em sua tenda, bradando que, se não atravessassem o rio Ganges, não mereceriam reconhecimento por nada que já tivessem feito. Finalmente resolveu voltar, ouvindo os conselhos dos amigos e os pedidos da tropa.

Para acirrar sua fama, Alexandre deixou para trás armaduras maiores do que o normal e grandiosos altares para os deuses. Numa flotilha, seu exército desceu o rio Indus. No caminho, parou para conquistar algumas cidades fortificadas — em uma delas quase foi morto. Foi o primeiro a subir a escada para escalar a muralha da cidade de Málios e saltou para dentro da cidade acompanhado por apenas dois soldados. Antes que o resto dos macedônios chegasse para salvá-lo, Alexandre levou uma flechada no flanco e ficou aturdido por uma paulada. Estava inconsciente quando os amigos o removeram do campo de batalha e desmaiou quando a flecha foi retirada das costelas. Começaram a surgir boatos de que Alexandre morrera.

Na Índia Alexandre fez prisioneiros dez dos brâmanes. Inteligentes, eram homens de grande reputação, de modo que Alexandre resolveu testá-los. Comunicou que quem desse a pior resposta seria o primeiro a morrer e forçou o brâmane mais idoso a julgar a disputa. Assim começou a prova dos brâmanes:

— O que é mais numeroso? — perguntou Alexandre. — Os vivos ou os mortos?

— Os vivos — respondeu o brâmane — porque os mortos não contam mais.

— Quem produz mais criaturas, o mar ou a terra? — Alexandre perguntou ao próximo.

— A terra — respondeu o brâmane — porque o mar é só uma parte dela.

Interrogou o terceiro sobre que animal era o mais sagaz de todos, e o brâmane respondeu:

— Aquele que ainda não foi encontrado.

Ao quarto, Alexandre perguntou que argumentos faziam com que os indianos lutassem, e ele redargüiu:

— Apenas que o homem deve viver nobremente ou morrer nobremente.

— O que é mais velho? Dia ou noite? — interrogou Alexandre ao quinto, que respondeu:

— O dia é mais velho, pelo menos um dia.

Quando viu que Alexandre estava insatisfeito com a resposta, retrucou:

— Perguntas estranhas recebem respostas estranhas.

— O que um homem deve fazer para ser amado? — foi perguntado ao sexto, que argumentou:

— Ser poderoso sem ser temido.

— O que faz um homem se tornar deus? — questionou ao sétimo, que disse:

— Fazer o que é impossível para um homem.

Ao oitavo interpelou sobre qual era o mais forte: a morte ou a vida.

— A vida é mais forte do que a morte, porque guarda muitos mistérios — retorquiu o homem.

Ao nono brâmane questionou quanto era adequado para um homem viver, e veio a resposta:

— Até que lhe pareça melhor morrer.

Alexandre voltou-se para o que julgava, que decidiu que cada resposta fora pior que a outra.

— Morrerás, então, primeiro por ter tomado essa decisão.

— Não, poderoso rei — disse o brâmane. — Se quiseres continuar um homem de palavra. Disseste que matarias o que desse a pior resposta.

Alexandre presenteou os brâmanes e os libertou, apesar de saber que haviam persuadido os indianos a combaterem.

A viagem de Alexandre pelo rio Indus levou sete meses. Quando finalmente chegou ao oceano Índico, resolveu não transportar o exército para casa por mar, mas marchando pelo deserto gedrósio. Depois de sessenta dias terríveis, alcançaram a Gedrósia, onde, por fim, acharam comida e bebida. Muitos morreram no deserto: de 120 mil soldados e 15 mil cavaleiros, apenas um em cada quatro conseguiu chegar.

As notícias sobre as agruras vividas na Índia, sua quase morte e as baixas no deserto, tudo isso levou a que as nações submetidas pensassem em rebelar-se. Os sátrapas e comandantes que Alexandre deixara nas províncias pensavam ter total autonomia. Até na Macedônia, Olímpia, a mãe de Alexandre, dispensara o homem que ele deixara no comando. Mas ainda assim o rei intentava seguir para novas proezas. Agora, pretendeu navegar em volta da África até as Colunas de Hércules (atual estreito de Gibraltar).

Um macedônio havia violado o túmulo de Ciro, pelo que Alexandre ordenou a sua morte. A inscrição no túmulo era: "Sejas quem fores e venhas de onde vieres (porque eu sabia que virias), eu sou Ciro, o fundador do Império Persa. Deixa-me manter o pó que cobre o meu cadáver".

A leitura perturbou grandemente Alexandre, que viu o exemplo de como podia ser frágil o poder humano.

Ao mesmo tempo, Câlano, um dos brâmanes que seguira Alexandre, pediu que uma pira funeral fosse erguida para ele. Uma vez pronta, Câlano tomou as providências para um funeral, depois despediu-se de seus amigos da Macedônia. Pediu-lhes que contassem a Alexandre que o encontraria na Babilônia em breve. Depois, subiu ao topo da pira, acendeu-a e ficou imóvel até que virou cinzas.

Naquela noite, Alexandre deu um banquete para um grande grupo de amigos e oficiais, ofertando um prêmio para aquele que conseguisse beber mais vinho. Prômaco recebeu o prêmio, pois bebeu treze litros, mas três dias depois morreu. Outros 41 homens morreram também por causa do exagero. Alexandre bebera sete litros.

Em Susa, em 324 a.C., Alexandre tomou Estatira, filha de Dario

III, e Parisatis, filha de Artaxerxes III, por suas mulheres, mesmo sendo casado com Roxana. Também distribuiu aos amigos as mulheres mais nobres da Pérsia como esposas. Os casamentos foram celebrados numa esplêndida festa para 9 mil convidados, cada um dos quais ganhou uma taça de ouro como presente. Alexandre também acertou todas as dívidas para com os soldados, no valor de 10 mil talentos.

Quando foi para a Índia, Alexandre tinha colocado 30 mil meninos persas em treinamento militar na Grécia por um salário (o que pode ter sido a primeira instituição de bolsas de estudo no mundo), e agora eram guerreiros robustos e treinados. Fizeram uma demonstração de seus conhecimentos militares, e Alexandre ficou contente, mas os macedônios se magoaram porque supunham que Alexandre não mais os queria. Quando Alexandre anuiu com a volta dos doentes e dos feridos à Macedônia, os outros gregos solicitaram voltar também. Mencionaram que Alexandre não precisava mais deles, agora que possuía um ótimo grupo de dançarinos persas para conquistar o mundo. Alexandre ficou inflamado, demitindo toda a guarda, substituindo-a por persas. Os gregos, arrependidos, ficaram em pé, durante dois dias e duas noites, do lado de fora da tenda de Alexandre, até que ele finalmente concordou em devolver-lhes os cargos, com recompensas.

Heféstion, seu grande amigo e parceiro, morreu de febre, e a aflição de Alexandre o descontrolou sobremaneira. Mandou crucificar o médico que assistira Heféstion, ordenou cortar todos os rabos e crinas dos cavalos do seu exército como sinal de luto, e mandou destruir todas as muralhas de todas as cidades vizinhas. Baniu toda música. Invadiu uma cidade e sem nenhum motivo trucidou a população inteira.

O túmulo de Heféstion, na Babilônia, foi um memorial de magnificência sem igual, e Alexandre despendeu a maior parte do seu tempo assistindo à tarefa dos arquitetos. Os oráculos tinham vaticinado que morreria se entrasse naquela tumba, mas Alexandre não os ouviu. Ao entrar, viu corvos em luta, mas nem esses agouros o frearam. Nem mesmo o coice de um asno, que matou seu maior leão, o impediu.

Perdeu a crença nos deuses e nos amigos. Comportava-se como Aquiles, que pouco sobrevivera à morte do amado amigo Pátroclo. Teve febre por dez dias e no décimo dia da morte do amigo, no ano 323 a.C., Alexandre morreu aos 33 anos. Era o dia 13 de junho.

Sem sucessor nomeado e sem pulso firme para dirigir o império, a Hélade clássica ruiu, e assim começou a decadência da civilização grega.

O domínio territorial de Alexandre logo se desfez, mas o domínio cultural, a luz da cultura grega, graças a esse guerreiro, acabou realizando o que ele sempre desejara: a ocidentalização do Oriente.

Capítulo 2

Maria e Virgulino, amor no domínio do sol

O sol no Nordeste brasileiro é açoite, por ser a materialização da seca.

As secas do Nordeste são cíclicas, mas ocorrem em períodos variáveis. A cada década vem a seca, que permanece por dois a três anos. No século XIX, a seca mais intensa ocorreu de 1877 a 1879. Destruiu o Nordeste com seu terrível séquito de desgraças. A fome, a sede, o tifo, a peste bubônica e a disenteria entre janeiro e dezembro de 1878 mataram quase a metade da população de Fortaleza, que na época era de 124 mil pessoas.

No século XX, a assustadora seca de 1912 a 1915 inspirou a romancista Raquel de Queirós, que nos deu o magnífico livro *O Quinze*. Não cabe aqui dar o quadro de pavores das secas do Nordeste; isso já foi feito.

O que nos propomos é contar que nesse sertão abandonado pelos desígnios divinos floresceu um amor errante e fora-da-lei. Debaixo daquele sol escaldante, Virgulino e Maria se amaram.

Virgulino nasceu em 1897, ano em que Antônio Conselheiro começava sua marcha messiânica pelo sertão. Viveu no anonimato até os 22 anos, quando a família foi atingida por uma série de situações dramáticas. Pobres, perseguidos por senhores feudais das Alagoas, Virgulino e os irmãos Antônio e Livino viajaram à vila de São Francisco ao encontro do Sinhô Pereira, então famoso líder de um bando cangaceiro. Os três tinham participado de um ato de vingança, no dia 20 de junho de 1921, contra um fazendeiro da família dos Pereira e Nogueira-Machado. O incidente ficou conhecido como o ataque do Poço Branco e foi motivado por desavenças com terras, mortes, roubo de gado. Ameaçados de morte, mas ilesos, foram pedir apoio ao chefe do cangaço. E conheceram de perto a vida do bando, tão comentada por lá.

Virgulino, rapaz, passou dez dias em companhia de Sinhô Pereira e pôde conhecer cangaceiros, ver que eram gente comum, alguns injustiçados, outros atraídos pela liberdade e pela vida sem compromissos de bandoleiros. Foram dias de prazer. Homenageavam-no com festas todas as noites; pela primeira vez em toda sua vida sentiu-se ilustre. Habilidoso, dançava e tirava repentes — alguns ganharam fama na tradição oral sertaneja —, era poeta e sanfoneiro.

Durante sua vida breve, compôs músicas e deixou versos como estes:

Passei meu tempo feliz
Quando no colo materno
Gozei o carinho terno
De quem tanto bem eu quis.

Quando me lembro senhores,
Do meu tempo de inocente,
Que brincava nos cerrados
Do meu sertão sorridente.

Virgulino ficou consertando as armas do bando durante sua estada com Sinhô Pereira. Autodidata, provou ser um armeiro capaz. Aprendeu o mecanismo de ação das armas de repetição e criou um modo de transformar o rifle de repetição em arma semi-automática. Atando de uma certa forma um tecido ligando o gatilho à alavanca de manejo, podia atirar sem precisar manipular a alavanca. Batizou o invento de *peia*. Certa noite, fez uma demonstração com o rifle "peiado", causando espanto nos cangaceiros: rápido no manejo do rifle, saltava pela janela, atirando sem parar e acertava todos os alvos. Não era possível contar os disparos devido à rapidez do rapaz. Na boca da arma acendia um clarão parecendo a chama de um lampião no escuro da noite. Sinhô Pereira comunicou que ali estava "um Lampião de Vila Bela", apelido com que ficou conhecido para sempre.

Em 1922, com a morte de Sinhô Pereira e Luís Padre, Lampião assumiu o comando do bando. Seu primeiro ataque foi à baronesa da Água Branca, Dona Joana Vieira da Siqueira, roubando seus bens. Essa ação espetacular, semelhante às de faroeste, fez seu nome ficar conhecido, dada a repercussão que a investida ganhou nos meios de comunicação. Outra propriedade, Beldroegas, foi atacada em agosto.

Em outubro, tratou de vingar-se do fazendeiro Luís Gonzaga Gomes Ferraz, que perseguira a família dele. O assassinato criou o mito.

> *...Gonzaga estava dormindo,*
> *Quando Lampião chegou:*
> *Você hoje me paga a surra*
> *Que mandou dar em Ioiô!*

> *...A aliança de Gonzaga*
> *Custou um conto de réis*
> *Lampião botou no dedo,*
> *Sem custar nem um derreis!*

Entre novembro e fins de dezembro de 1922, fez mais quatro ataques e se escondeu no sertão por seis meses. Em 1923 e 1924 disseminou o terror por uma grande área que cobria seis estados: Alagoas, Bahia, Paraíba, Pernambuco, Rio Grande do Norte e Sergipe. Enquanto os demais cangaceiros, sozinhos ou em bandos, atuavam no Nordeste como malfeitores, assaltando e pilhando, Lampião deflagrou uma verdadeira guerra, com objetivos muito precisos: gostava de ver em si mesmo um bom ladrão, que roubava dos ricos para dar aos pobres, sanando casos de injustiça social. Nessa guerra desigual, em que sofreram pessoas em nome de uma pretensa justiça, Lampião também foi uma vítima. Em 1924, ferido em um litígio, ficou manco pelo resto da vida. Esse ferimento postergou suas ações de guerra por mais de um ano.

O cangaço transformou-se, com Lampião e Antônio Silvino, numa profissão, com uma série de regras que se poderia chamar de ética sertaneja. Representavam o banditismo social, enraizado em fatos de origem econômica e ordem social, e se julgavam aptos a fazer justiça em seu próprio nome, a desmandos de outros. Enfim, desajustados.

∞

No começo do século XX, o sertanejo nordestino já nascia miserável e sofredor. Vivia desprezado e esquecido num sertão que era o resumo da desordem. O sertão era uma terra sem lei. Assim que anoitecia, as famílias amedrontadas fechavam as casas. Latidos de cães no terreiro sinalizavam a chegada dos bandidos. Vinham armados, exigiam dinheiro e comida. O matuto entregava suas posses e não raro perdia a vida.

Osório Timbumba, ou Vantuir Osório das Dores, foi o precursor do cangaço que, mais tarde, Lampião faria célebre pelo país. Timbumba se desviou da lei em 1901, depois do assassinato cruel de seu pai por um rico fazendeiro holandês, Johan Van Lüster, que enriquecia mais e mais negociando gado. Chamou os amigos de infância Genovaldo Panturrilha e Geraldino Chavasqueiro e organizou um bando que praticaria por longos anos a lei do extermínio no Nordeste. O grupo chegou a ter mais de 50 pessoas, entre cangaceiros e suas mulheres. Em 1902, quando Timbumba resolveu vingar-se do assassino do pai, matou quatro capangas de Van Lüster e queimou a fazenda. Roubou o brasão da família holandesa e o adotou.

Sua maior proeza deu-se em 1905, quando sitiou a cidade de

Picos por quatro dias, numa real batalha com a polícia do Piauí. Foi aí que conheceu Maria "Bonita" Ferreira, que saiu da casa paterna para acompanhá-lo. Até 1920, tomou quase todo o sertão nordestino, infundindo terror em autoridades e fazendeiros de Alagoas, Pernambuco, Paraíba, Rio Grande do Norte, Sergipe, Bahia e Ceará. Um tiro da polícia paraibana numa emboscada perto de Cajazeiras causou-lhe a perda do braço esquerdo, infeccionado; era 1921. Três anos depois, tuberculoso, saiu do cangaço. Seus 23 anos lá vividos geraram o começo de um ciclo na literatura de cordel do Nordeste.

O menino Virgulino cresceu nessa atmosfera. Desde os 5 anos foi criado pela avó e madrinha de batismo, Maria Jacosa. A criança surpreendia-se com a velocidade com que sua avó trocava e batia os bilros na almofada, movendo os espinhos nos furos, tecendo rendas e bicos requintados. A casa da avó ficava a pouco mais de cem metros da casa paterna, e Virgulino brincava no terreiro de ambas. Mais tarde, em homenagem à avó, comporia a música que seria o hino de guerra para suas marchas:

Ó, ô, mulé rendera
Ó, ô, mulé rendá
Tu m'insina a fazê renda
Que t'insino a namorá.
Trupicou, pru mim num fica,
Soluçou, vai no borná.

A família de Virgulino vivia relativamente bem em Vila Bela, hoje Serra Talhada. Não necessitavam contratar mão-de-obra de fora para a lavoura e sempre faziam festanças e vaquejadas. Eram solícitos e amados em toda a região. Virgulino trabalhou como vaqueiro e transportava artigos de Vila Bela para Rio Branco (hoje a cidade de Arcoverde).

A rica fazenda vizinha, Pedreira, pertencia à família de José Saturnino, casado com uma moça da família Nogueira, que invejava o progresso dos Ferreiras. As pequenas brigas evoluíram para emboscadas e atentados mútuos. Por intervenção do juiz de direito de Vila Bela foi acordado o seguinte: uma família não entraria no terreno da outra. Mas Virgulino e um irmão tiveram que acudir uma tia doente que morava nas terras dos Nogueiras. Como vingança, José Saturnino foi abertamente a uma feira em Nazaré, dentro da terra dos Ferreiras. Reacesa a briga, os Ferreiras, mais frágeis, tiveram que escapar para o estado de Alagoas. A paz pouco durou. Saturnino começou a mandar cartas para o tenente Lucena, policial alagoano, com acusações e denúncias. A polícia, afinal, atacou o sítio da família de Virgulino e assassinou o velho José Ferreira. A mãe, Maria, morreu logo depois, amargurada pela perda do marido. Virgulino culpou os inimigos pernambucanos pela morte dos pais.

☙

O capitão Virgulino era um oficial de verdade. Ganhou do governo federal a patente de capitão do exército em 1926.

Aconteceu que no, começo daquele ano, a Coluna Prestes marchava pelo Nordeste em sua peregrinação revolucionária. O governo avaliava que estava em risco a segurança do país, e a tensão aumentou quando os homens da Coluna se prontificaram a entrar no Ceará. A Floro Bartolomeu, de Juazeiro, amigo próximo do padre Cícero Romão, coube parte do trabalho de organizar a defesa do estado. Reuniu, com ajuda material e financeira do governo federal, uma equipe combatente formada de jagunços, chamada Batalhão Patriótico. A tropa foi levada por Floro Bartolomeu ao presidente Campos Sales, no Ceará, onde se aguardava o ataque.

Apesar de ter em mãos armas do exército, esses homens eram inexperientes em combate no sertão e não contavam com um comando eficaz. Segundo o Padre Cícero, havia em todo o Nordeste apenas um homem capaz de combater a coluna Prestes e sair-se vitorioso: Virgulino Ferreira.

Floro convidou Virgulino Ferreira por carta a participar do batalhão. O convite foi aceito no início de março, quando a coluna Prestes já estava na Bahia. Como Floro adoeceu e morreu, em 8 de março, coube ao Padre Cícero a recepção a Lampião. Lampião chegou nas fronteiras de Juazeiro no dia 3 de março de 1926 e só aceitara o convite porque reconhecera a assinatura de Cícero na carta. Entrou em Juazeiro ao lado de um oficial dos Batalhões Patrióticos. Ofereceram-lhe perdão e o comando de um dos destacamentos em troca de combater a revolta. Na audiência com o Padre Cícero, foi lavrado um documento pelo inspetor agrícola do Ministério da Agricultura, nomeando Virgulino capitão honorário do Batalhão Patriótico. Esse documento cedia trânsito livre a Lampião e sua tropa, de estado a estado, para lutar com a coluna. Os homens ganharam uniformes, armas e munição para a luta.

O Padre Cícero aproveitou o encontro com Virgulino para tentar convencer os cangaceiros a abandonarem o crime. Era cômico ver aquele bando de homens arrependidos e acabrunhados a ouvir como crianças travessas o santo "padim". Lampião já cogitara várias vezes sair do cangaço, e aquela era a grande oportunidade oferecida pelo seu protetor e padrinho Padre Cícero. Sua intenção era cumprir sua parte no trato e todas as promessas feitas ao Padre. Daquele momento em diante, Lampião passou a se autodenominar Capitão Virgulino.

Com o regime atual,
Crime é só ser revoltoso!
Tudo mais é tolerado,
Honrado, honesto e honroso...
Desde o tempo bernardista,
Lampião é legalista,
Deixou de ser criminoso!

Mas a liberdade despertou a paixão pelo poder. Lampião, apesar do padrinho, continuou sua saga, agora com mais gente e autorizado pelo próprio governo. Logo depois, matou treze pessoas de uma mesma família em Floresta (Pernambuco). A polícia saiu à caça do bando e preparou uma armadilha na cidade de Serra Talhada. Começava a decadência. Atacaram sem êxito a cidade de Mossoró, no Rio Grande do Norte, e escaparam para o estado da Bahia, atuando apenas nos estados de Sergipe e Bahia. Passou a cobrar imposto sobre vendas de imóveis. Nesse tempo conheceu Maria. Lampião, parece, foi o primeiro a arranjar uma companheira; até 1930, ou início do ano seguinte, não há registro da existência de mulheres no cangaço. Maria Alia da Silva, ou Maria Déia, ou Maria Bonita, foi até morrer a companheira de Virgulino. Chamava-se então Dona Maria Déia Neném e era mulher de José Neném, mas o casal não se dava. Foi criada na modesta fazenda do pai, em Jeremoabo, na Bahia, e morava com o marido na cidadezinha de Santa Brígida. Lampião e seu bando costumavam passar pela fronteira entre Sergipe e Bahia, onde se localizava a fazenda dos pais de Maria. O casal temia o Capitão Virgulino, como todos os moradores da região, mas o prezavam e o respeitavam.

Virgulino foi à casa do sapateiro José Neném para encomendar alpargatas novas e couro para bornais e bandoleiras. Notou que a mulher do sapateiro fixava os olhos nele. A mãe contou a Lampião que Maria o admirava e comentou que ela estava sempre às turras com o marido. Virgulino se apaixonou por Maria Bonita; era graciosa, tipicamente uma mulher sertaneja: baixa, gordinha, olhos e cabelos escuros, dentes bonitos, pele morena clara.

Passados poucos dias, Virgulino saía do povoado levando Maria Bonita na garupa do cavalo, junto com os cangaceiros. Maria Bonita era apelidada de Santinha por Lampião. Depois da união do Rei do Cangaço e Maria Bonita, vários cabras do bando começaram a arranjar mulheres.

Lampião dedicou a ela estes versos:

Tive também meus amores,
Cultivei a minha paixão,
Amei uma flor mimosa

Filha lá do meu sertão
Sonhei de gozar a vida
Bem junto à prenda querida
A quem dei meu coração.

Frederico Pernambucano de Melo, tido como o maior historiador da vida de Virgulino, contou que um dos primeiros seqüestros políticos do Brasil foi a captura do inspetor da Esso Pedro Paulo Magalhães Dias, apelidado Mineiro. Lampião pediu à empresa a quantia de vinte contos de réis pelo funcionário e ameaçou que o mataria se não recebesse a soma. Mineiro passou os primeiros dias de confinamento apavorado pelo medo de ser morto por Lampião. Este, notando o pavor do prisioneiro, acalmou-o, dizendo:

— Se vier o dinheiro eu solto, se não vier eu solto também, querendo Deus.

Mineiro viveu entre os cangaceiros e, depois de solto, construiu a figura de Lampião com incomparável precisão.

No período em que foi mantido refém, conversou longamente com Lampião. Este disse que se sentia dono e senhor do Nordeste e que seria apropriado ser chamado de governador do Sertão. Mineiro perguntou-lhe, caso tivesse tal cargo, que planos teria para governar. Surpreendeu-se com as respostas, que apontavam um Virgulino inteirado totalmente da situação política da região, consciente das suas questões mais prementes (segundo registro do então governador do estado de Pernambuco, Frederico Bezerra Maciel):

— Premero de tudo, querendo Deus, Justiça! Juiz e delegado que não fizer justiça só tem um jeito: passar ele na espingarda! Vêm logo as estradas para automóvel e caminhão!

— Mas o capitão é contra fazer estrada?

— Sou contra porque o governo só faz estrada pra botar persiga em cima de mim. Mas eu fazia estrada para o progresso do sertão. Sem estrada não pode ter adiantamento, fica tudo no atraso. Vêm depois as escolas e eu obrigava todo mundo a aprender, querendo Deus.

Mineiro contaria depois que ouviu Lampião e deu-lhe razão — sua crítica revelava um homem de grande sabedoria.

O analfabetismo era total entre os cangaceiros, com exceção de Antônio Maquinista, ex-sargento do Exército, e de Antônio Ferreira, que mal lia e não escrevia. Já Lampião sabia ler muito bem, mas tinha dificuldade em escrever. E por essa razão ditou uma carta endereçada ao governador de Pernambuco para que Mineiro redigisse e enviasse depois com a seguinte proposta:

Senhor Governador de Pernambuco.
Suas saudações com os seus.

Faço-lhe esta devido a uma proposta que desejo fazer ao senhor pra evitar guerra no sertão e acabar de vez com as brigas... Se o senhor estiver de acordo, devemos dividir os nossos territórios. Eu que sou Capitão Virgulino Ferreira Lampião, governador do sertão, fico governando esta zona de cá, por inteiro, até as pontas dos trilhos em Rio Branco. E o senhor, do seu lado, governa do Rio Branco até a pancada do mar no Recife. Isso mesmo. Fica cada um no que é seu. Pois então é o que convém.

Assim ficamos os dois em paz, nem o senhor manda os seus macacos me emboscar, nem eu com os meninos atravessamos a extrema, cada um governando o que é seu sem haver questão. Faço esta por amor à Paz que eu tenho e para que não se diga que sou bandido, que não mereço.

Aguardo resposta e confio sempre.

Capitão Virgulino Ferreira Lampião
Governador do Sertão

Quando Mineiro foi solto, houve grande festa e discursos. Para ele, os cangaceiros eram gente revoltada contra a situação de desamparo do sertão. Ele agradeceu pelo tempo que conviveu com os cabras de Lampião. Fez elogios a Virgulino por sua capacidade e inteligência, declarando que tivera sobre todos ótima impressão e, ainda, que diria a todos que estavam enganados acerca de Lampião e sua tropa. Despediu-se de todos, abraçando cada um: Acuana, Antônio Ferreira, Ás de Ouro, Barra Nova, Beija-Flor, Bem-Te-Vi, Biu, Bom Devera, Cacheado, Caixa-de-Fósforo, Cajarana, Cajueiro, Candeeiro, Chumbinho, Cícero Nogueira, Cocada, Colchete, Coqueiro, Cordão de Ouro, Corisco, Emiliano, Euclides, Ezequiel Sabino, Feião, Ferreirinha, Frutuoso, Gato, Gaza, Jararaca, Jatobá, Jurema, Lampião, Lua Branca, Luís Pedro, Manuel Velho, Maquinista, Marreca, Mergulhão, Moreno, Mormaço, Pai Velho, Pássaro Preto, Pinga Fogo, Pinhão, Quixadá, Relâmpago, Rio Preto, Romeiro, Sabiá, Sabino, Serra do Mar, Serra Nova, Tenente, Três Cocos, Vareda, Ventania, Vinte e Dois e Zabelê.

O bando já possuía mais mulheres nessa época: Dadá, Áurea, Mariquinha, entre outras.

Com Maria Bonita, Lampião desenvolveu ainda mais sua generosidade. Impressionar Maria o agradava e socorria a população como um médico de verdade. Criava receitas estranhas para os vários pobres que iam até ele buscando pareceres e sugestões. Algumas de suas "receitas" ficaram célebres: para acne, por exemplo, o "doutor Lampião" recomendava esterco de galinha choca sobre a pele; para indigestão, uma boa dose de azeite de carrapato, e para calvície, moscas machucadas untadas sobre a cabeça.

Agora que tinha ao lado Maria Bonita, era quase uma divindade. Até o governador de Pernambuco falara: "Há algum pensamento certo atrás dos óculos de Lampião; suas alpercatas rudes pisam algum terreno sagrado".

Uma de suas fotos mais conhecidas é a que mostra Lampião e Maria Bonita, em pose de rainha, com cachorros à volta.

Meu rifle atira cantando
Em compasso assustador.
Faz gosto brigar comigo,
Porque sou bom cantador.
Enquanto o rifle trabalha

Minha voz longe se espalha
Zombando do próprio horror!

"Lampião e Maria Bonita eram dívida e dádiva. Eram a consubstanciação do rito e do sagrado. E a forma como morreu esse casal lendário, Bonnie e Clyde tupiniquins, contribuiu para sobrenaturalizar sua história", segundo se escreveu sobre o casal. O próprio governo, temendo que fizessem deles mártires, tratou de eliminar qualquer sinal de suas existências. O governador de Pernambuco, Frederico Bezerra Maciel, conta: "Houve grande empenho em destruir a memória de Lampião. Primeiro, arrasaram-lhe na Ingazeira a casa paterna e natal e a dos avós maternos, deixando unicamente restos dos torrões dos alicerces".

Houve um famoso encontro em Juazeiro, entre Padre Cícero e Lampião. Este concedeu entrevista a Otacílio Macedo, que a publicou nas edições de 17 e 18 de março de 1926 do jornal *O Ceará*. Segue-se uma das principais frases da entrevista: "Carrego três coisas comigo: coragem, dinheiro e bala". A transcrição a seguir é do texto publicado na revista *Fatos & Fotos* de 16 de abril de 1970, adaptado por Nertan Macedo:

Eu me chamo Virgulino Ferreira da Silva e pertenço à humilde família Ferreira, do Riacho de São Domingos, município de Vila Bela. Meu pai, sendo constantemente perseguido pela família Nogueira e por José Saturnino, nossos vizinhos, resolveu retirar-se para o município de Água Branca, estado de Alagoas. Nem por isso cessou a perseguição. Em Água Branca foi meu pai, José Ferreira, barbaramente assassinado pelos Nogueiras e Saturnino, no ano de 1917. Não confiando na ação da Justiça pública — porque os assassinos contavam com a escandalosa proteção dos grandes — resolvi fazer justiça por minha conta própria e vingar a morte de meu pai. Não perdi tempo e resolutamente arrumei-me e enfrentei a luta. Não escolhi gente das famílias inimigas para matar e efetivamente consegui dizimá-las consideravelmente. Já pertenci ao grupo de Sinhô Pereira, a quem acompanhei durante dois anos. Muito me afeiçoei a este meu ex-chefe porque é um leal e valente batalhador, tanto que, se ele voltasse ao cangaço, iria ser um seu soldado.

Tenho percorrido os sertões de Pernambuco, Paraíba e Alagoas e uma pequena parte do Ceará. Com as polícias desses estados tenho entrado em vários combates. A de Pernambuco é uma polícia disciplinada e valente que muito cuidado me tem dado; a da Paraíba, porém, é uma polícia covarde e insolente. Atualmente existe um contingente da força pernambucana de Nazaré que está praticando as maiores violências, mais parecendo a força paraibana.

Não tenho tido propriamente protetores. A família Pereira de Pajeú é quem me tem protegido mais ou menos. Todavia, conto em toda parte com bons amigos que me facilitam tudo e me escondem eficazmente quando me acho muito perseguido pelos governos. Se não tivesse necessidade de procurar meios para a manutenção dos meus companheiros, poderia ficar oculto indefinidamente sem nunca ser descoberto pelas forças que me perseguem.

De todos os meus protetores só um me traiu miseravelmente. Foi o Coronel José Pereira Lima, chefe político de Princesa, homem perverso, falso e desonesto, a quem durante anos servi, prestando os mais vantajosos favores da nossa profissão.

Consigo meios para manter o meu grupo pedindo recursos aos ricos e tomando à força aos usurários que miseravelmente se negam a prestar-me auxílios. Tudo quanto tenho adquirido na minha vida de bandoleiro mal tem chegado para as vultosas despesas de meu pessoal — aquisições de armas e munições — convindo notar que muito tenho gasto também com a distribuição de esmolas aos necessitados.

Não posso dizer ao certo o número de combates em que já estive envolvido. Calculo, porém, que já tomei parte em mais de 200. Também não posso informar com segurança o número de vítimas que tombaram sob a pontaria adestrada e certeira do meu rifle. Entretanto, lembro-me perfeitamente de que, além dos civis, já matei três oficiais de polícia, sendo um de Pernambuco e dois da Paraíba. Sargentos, cabos e soldados era-me impossível guardar na memória o número dos que foram levados para o outro mundo.

Tenho conseguido escapar à tremenda perseguição que me movem os go-

vernos, brigando como louco e correndo como veado quando vejo que não posso resistir ao ataque. Além disso, sou muito vigilante e confio sempre desconfiando, de modo que dificilmente me pegarão de corpo aberto. Ainda é de notar que tenho bons amigos por toda parte e estou sempre avisado do movimento das forças. Tenho também um excelente serviço de espionagem, dispendioso, embora, mas utilíssimo.

Tenho cometido violências e depredações vingando-me dos que me perseguem e em represália a inimigos. Costumo, porém, respeitar as famílias por mais humildes que sejam, e quando sucede algum do meu grupo desrespeitar uma mulher, castigo severamente.

Até agora não desejei abandonar a vida das armas com a qual me acostumei e sinto-me tão bem.

Mesmo que assim não fosse não poderia deixar essa vida porque os inimigos não se esquecem de mim e por isso eu não posso e nem devo deixá-los tranqüilos. Poderia retirar-me para um lugar longínquo, mas julgo que seria uma covardia e não quero nunca passar por covarde.

Gosto geralmente de todas as classes. Aprecio de preferência as classes conservadoras — agricultores, fazendeiros, comerciantes, etc. — por serem os homens de trabalho. Tenho veneração e respeito pelos padres, porque sou católico. Sou amigo dos telegrafistas porque alguns já me têm salvo de grandes perigos. Acato aos juízes porque são os homens da lei e não atiram em ninguém.

Só uma classe eu detesto: é a dos soldados, que são os meus constantes perseguidores. Reconheço que muitas vezes eles me perseguem porque são sujeitos a isso, e é justamente por essa causa que ainda poupo alguns quando os encontro fora da luta.

A meu ver, o cangaceiro mais valente do Nordeste foi Sinhô Pereira. Depois dele, Luís Padre.

Penso que Antônio Silvino foi um covarde, porque se entregou às forças do governo em conseqüência de um pequeno ferimento. Já recebi ferimentos gravíssimos e nem por isso me entreguei à prisão. Conheci muito José Inácio, do Barro. Era um homem de planos e o maior protetor dos cangaceiros do Nordeste, em cujo convívio sentia-se feliz.

Já recebi quatro ferimentos graves. Dentre estes, um na cabeça, do qual só por milagre escapei. Os meus companheiros também: vários deles têm sido feridos. Possuímos, porém, no nosso grupo, pessoas habilitadas para tratar dos feridos, de modo que sempre somos convenientemente tratados. Por isso estou forte e perfeitamente sadio, sofrendo, raramente, ligeiros ataques reumáticos.

Desejava andar sempre acompanhado de um numeroso grupo. Se não o organizo conforme o meu desejo é porque me faltam recursos materiais para a compra de armamentos e para a manutenção do grupo — roupa, alimentos, etc. Este grupo que me acompanha é de 49 homens, todos bem armados e municiados e muito me custa sustentá-los como sustento. O meu grupo nunca foi muito reduzido — tem sempre variado de 15 a 50 homens.

Sempre respeitei e continuo a respeitar o estado do Ceará porque nele não tenho inimigos, nunca me fizeram mal e ainda porque é o estado do Padre Cícero. Como devem saber, tenho a maior veneração por este santo sacerdote, porque é o protetor dos humildes e infelizes e sobretudo porque há muitos anos protege as minhas irmãs, que moram em Juazeiro. Tem sido para elas um verdadeiro pai. Convém dizer que eu ainda não conhecia pessoalmente o Padre Cícero, pois esta é a primeira vez que venho a Juazeiro.

Tive um combate com os revoltosos da Coluna Prestes entre São Miguel e Alto da Areia. Informado de que eles por ali passavam e — sendo eu legalista — fui atacá-los, havendo forte tiroteio. Depois da grande luta e estando apenas com 18 companheiros, vi-me forçado a recuar, deixando diversos inimigos feridos.

Vim agora ao Cariri porque desejo prestar os meus serviços ao governo da nação. Tenho o intuito de incorporar-me às forças patrióticas do Juazeiro e com elas oferecer combate aos rebeldes. Tenho observado que, geralmente, as forças legalistas não têm planos estratégicos e daí o insucesso dos seus combatentes, que de nada têm valido. Creio que, se aceitassem os meus serviços e seguissem os meus planos, muito poderíamos fazer.

Estou me dando bem no cangaço e não pretendo abandoná-lo. Não sei se vou passar a vida toda nele. Preciso trabalhar ainda uns três anos. Tenho que visitar alguns amigos, o que ainda não fiz por falta de oportunidade. Depois talvez me torne negociante.

Após a morte de Lampião, o pesquisador Ângelo Osmiro Barreto, de Fortaleza, Ceará, coletou frases publicadas na imprensa a respeito do governador do sertão. As visões são polarizadas:

• "Um gênio em tudo" — Major Optato Gueiros, comandante de volante que perseguiu Lampião por mais de dez anos.

• "Lampião defendia os pobres das injustiças dos coronéis do sertão" — Zé Sereno, cangaceiro, cabra de Lampião.

• "Lampião, além de bom, era justo, amigo dos amigos" — Dadá, mulher do cangaceiro Corisco, o Diabo Louro.

• "Lampião era paterno e doce na intimidade" — Major Optato Gueiros.

• "Lampião tinha o espírito de Napoleão" — General Liberato de Carvalho, comandante-geral da companhia da Bahia, que perseguiu Lampião.

• "Quando empenhava sua palavra era pra valer" — Cangaceiro Ventania.

• "Também, palavra era só o que ele tinha" — José Saturnino, primeiro e principal inimigo de Lampião.

• "E o próprio Poder Judiciário foi responsável pelo cangaceirismo, pois não cumpriu o seu dever, era tolerante com os poderosos e muito intransigente com aqueles que não tinham recursos" — Dr. Estácio de Lima, médico, pesquisador e ex-diretor do Instituto Nina Rodrigues.

• "Lampião foi um bandido, sem nobreza, sem ética, sem piedade" — Belarmino de Souza, em carta publicada no livro *O canto do acauã*, da escritora Marilourdes Ferraz.

• "Ainda tem escritores que afirmam que os irmãos Ferreira foram cangaceiros por causa da morte do pai, quando foi exatamente o contrário" — José Saturnino.

• "Afirmo, pela minha fé de sacerdote, com toda isenção de ânimo e com o longo conhecimento que tenho dos homens, que jamais soube de alguém dotado de tantas superiores qualidades positivas como Lampião" — Padre Jesus R. Garcia, vigário de Serra Talhada, em

Pernambuco, terra de Lampião, por mais de cinqüenta anos.

Sobressaltado com o avanço de movimentos comunistas de um lado e integralistas de outro, que um ano antes tinham tentado depô-lo do poder, o ditador Getúlio Vargas decretou em 1938 o fim de todos os grupos armados no país. O governo exercia fortes pressões sobre os coronéis do sertão, que se valiam de cangaceiros como seguranças particulares. Desamparado pelos coronéis, Lampião ficou só.

Nesse período, passados 25 anos de domínio singular, mescla de brandura e de horror, Lampião dirigiu-se ao agreste alagoano e depois se escondeu no estado de Sergipe. Pedro de Cândido, que o asilara, denunciou-o à polícia de Alagoas. Logo, uma volante munida de metralhadoras exterminaria o bando sob as ordens do Tenente João Bezerra.

"Hoje eu não acho que ele era bandido", diria tempos depois o já Capitão João Bezerra.

Contam os sobreviventes que, no dia anterior à chacina, os cangaceiros tinham se embriagado muito. Já estavam acordados na manhã seguinte, 25 de julho de 1938, e conversavam sobre Labareda, que saíra do bando, e se intrigavam com a ausência de Corisco. Estavam assim divagando Luiz Pedro e Zé Sereno, quando o estampido de um tiro os surpreendeu e viram Lampião de pé, estrebuchando; a bala atingira-lhe a cabeça. Novo tiro no peito atirou-o morto ao chão. A partir daí deflagrou-se por vinte minutos a batalha sangrenta. Inconformada, Maria Bonita, aos prantos, começou a atirar ao léu, deitada sobre o companheiro morto. Fuzis e metralhadoras cuspiam balas e duas delas atingiram Maria Bonita, abraçada a Lampião.

O bando de Labareda e o de Corisco, embora não estivessem longe dali, não chegaram a tempo de impedir a morte dos líderes.

O triunfo sobre os cangaceiros deixou os policiais extasiados e, assim, selvagemente, saquearam o local. O soldado Antônio Ferro ergueu o cadáver de Lampião pelos cabelos como um troféu, e o soldado Panta degolou-o sumariamente golpeando o pescoço com um facão. Maria Bonita, agonizando, rogava, rogava por misericórdia diante daquela cena, quando foi metralhada. Também teve a cabeça decepada, assim como outros nove do bando: Luís Pedro, Caixa de Fósforo, Mergulhão, Cajarana, Diferente, Enedina, Ângelo Roque e Elétrico. Suas cabeças foram exibidas publicamente.

Os que conseguiram escapar para longe se ocultaram e jamais voltaram a formar-se em bando.

A história de Lampião e Maria Bonita juntou o ritual ao sagrado. Se o sagrado é, como pensava Durkheim, uma projeção da sociedade, o vigor do rito reside em criar essa identidade moral, e também intelectual, psicológica e afetiva, entre os ídolos e a sociedade. Lampião e Maria Bonita, emblemas do cangaço, são até hoje as grandes estrelas do imaginário popular nordestino. Nas suas histórias, a partir do cultivo da honra, podem-se analisar as guerras sertanejas que foram levadas a cabo por meio da exclusão e da vergonha.

Capítulo 3
Beethoven,
o sol da música

Há quem diga que ele foi o maior compositor de todos os tempos. Outros preferem dizer que ele está acima de qualquer classificação.

Ludwig van Beethoven nasceu em Bonn, Alemanha, e ali foi batizado em 17 de dezembro de 1770. Seu pai, Johann, era tenor, e seu avô, também chamado Ludwig, era diretor de música em Colônia. A família Beethoven tinha raízes na região de Flandres.

Foi seu pai quem percebeu o enorme talento musical do filho e entregou-o aos cuidados de um músico respeitado chamado Christian Gottlob Neefe. Mas esse mesmo pai, se por um lado pôde orientar bem seu filho, tornou-se alcoólatra após a morte do avô do menino — o que causaria problemas emocionais futuros no já crescido e genial Ludwig.

Ainda criança, aos 8 anos, Ludwig já tocava peças de Carl Philipp Emanuel Bach com grande desenvoltura no piano e demonstrava facilidade para improvisação. No entanto, para frustração de seu pai, Ludwig parecia não ser apaixonado por música, além de apresentar tendência à indisciplina.

O pai forçava-o a permanecer sentado ao piano por horas seguidas; caso desobedecesse, apanhava. Seu professor, também adepto da ferrenha disciplina, conseguiu que aos 14 anos Beethoven fizesse parte da orquestra da corte de Colônia como segundo organista da capela.

Assim, fez-se músico profissional e trabalhava arduamente para sustentar a família: dava aulas de música, tocava órgão e cravo na orquestra e no teatro. Essa situação fez dele um rapazinho acanhado, ensimesmado e sonhador.

Nesse meio tempo, a orquestra em que trabalhava desagregou-se e Ludwig passou a ganhar muito pouco. Contudo, sobrava-lhe mais tempo para estudar as obras consagradas. Mas a tutela rigorosa de Neefe não impediu Ludwig de experimentar harmonias não aceitas na época; apesar dos protestos do mestre, o rebelde Ludwig não desistia.

Conheceu e tornou-se amigo do jovem Conde Waldstein que, percebendo a genialidade de Ludwig, pediu ao príncipe Maximiliano que o mandasse a Viena estudar com Mozart.

Mozart surpreendeu-se com o talento musical do rapaz, mas os músicos conviveram por muito pouco tempo; a temporada de Beethoven em Viena foi interrompida pela notícia do falecimento de sua mãe.

Com a morte da mãe, seu pai perdeu o juízo e coube a Ludwig dar aulas particulares de música a moças de famílias ricas para conseguir amparar dois irmãos menores.

Contava 15 anos e já criara as primeiras peças para cordas e piano com toques mozartianos. Para compensar a interrupção prematura de sua educação formal aos 11 anos, estudou literatura, tomou contato com as obras dos poetas Goethe e Schiller, cujas idéias influíram na sua obra.

Assim o via Goethe:

Jamais conheci um artista que exibisse tamanha concentração espiritual e tamanha intensidade, tanta vitalidade e grandeza de coração. Compreendo perfeitamente que, para ele, deva ser muito difícil se adaptar ao mundo e às suas formas.

Beethoven conheceu mais profundamente a grandiosidade das obras dos expoentes da música erudita aos 18 anos, ao se tornar violista da Orquestra do Teatro de Colônia. Dois anos depois, compôs, sob encomenda oficial, uma cantata pela morte de Maximiliano II e outra pela entronização de Leopoldo II.

Patrocinado pelo novo rei, Beethoven retornou em 1792 a Viena para estudar com Haydn. Os freqüentes concertos do mestre no exterior, requisitados pela realeza de países europeus, interrompiam por demais as aulas. Beethoven sentiu necessidade de buscar outros professores para completar os estudos, sendo aluno de Georg Albrechtsberger, em 1794. Além disso, Haydn e Beethoven se desentendiam musicalmente: o mestre não partilhava das tendências inovadoras do aluno, apesar de ter percebido seu potencial. Embora afetuosa, era uma relação tensa. A tendência quase romântica das músicas de Beethoven causava incômodo em Haydn.

Nem por isso as primeiras sinfonias de Beethoven — a número 1 e a número 2 — deixaram de transparecer a atmosfera musical de Haydn.

Contava 22 anos quando iniciou novo período como magnífico musicista e compositor. Até então compusera obras de tendências classicistas: quartetos, sinfonias, sonatas, trios, quintetos para cordas e o primeiro concerto para piano e orquestra.

Ainda dedicou a Haydn três sonatas para piano, criou o bailado *As Criaturas de Prometeu*, e para a condessa Giulietta Guicciardi compôs a *Sonata ao Luar*.

Em Viena, pôde conviver com a sociedade, por indicação do amigo Waldstein. Viena era a capital da música e lá Beethoven era prestigiado e conseguiu estabelecer-se financeiramente. Compôs também a *Missa Solene* e a ópera *Fidélio*, entre outras peças com as quais presenteava os nobres que o obsequiavam. A um amigo, escreveu que não negociava o preço de suas peças; ele estipulava o preço e os nobres pagavam.

"A maneira como ele trata o instrumento é diferente da que estamos acostumados a ouvir; dá a idéia de que alcançou esse nível de excelência tão alto seguindo seu próprio caminho, o caminho de seu próprio descobrimento", nas palavras de Junker, crítico daquele tempo.

Era mais admirado como pianista do que como compositor nessa época. Era muito requisitado socialmente, pois além da sua excelência como pianista, era um homem que possuía bom nível de cultura e de informação, além de ser conversador. Admirava os aristocratas e era por eles admirado, apesar de simpatizar com a ideologia da Revolução Francesa, de ter gênio forte, de ser facilmente irritável e de nem sempre demonstrar boa educação. Cuspia e era desengonçado. Beethoven era um homem corpulento de 1,70 m, de cabeça muito grande e cabelos malcuidados. Não prezava limpeza ou ordem; na sua sala empoeirada viam-se partituras por todo canto, e derrubava coisas por onde passava.

Tornou-se célebre como pianista genioso e revolucionário. Produzia cada vez mais composições, mas a reação do público a elas ainda era fraca. O reconhecimento amplo ocorreu quando compôs a sinfonia número 3, chamada *Heróica*. Esta obra foi um forte marco na história da música e do seu autor. As músicas de então tinham em média meia hora de duração. Quando, em 7 de abril de 1805, a platéia ouviu pela primeira vez a *Heróica*, obra revolucionária que durava quase uma hora, cheia de sons intrincados nunca ouvidos, a reação foi de perplexidade. No entanto, todos perceberam a genialidade do compositor. Beethoven entrava no rol das celebridades e tinha ciência disso.

Beethoven foi o único homem que compôs para além de sua época, não para ela. E estava certo. A humanidade que esperasse a sua vez de entender o futuro. Ele foi o primeiro músico a descobrir que a obra era eterna. Compunha para ser lembrado; compunha para viver e vivia para compor.

Há vários estudos sobre a obra de Beethoven, entre eles o do musicólogo Wilhelm Von Lenz. Para ele, esta obra se divide em três fases, sendo a segunda a de maior produção musical, mais inovadora e expressiva. Foi quando criou a ópera *Fidélio*. Nessa fase, compôs cinco sinfonias, sonatas, quartetos e vários concertos para diversos instrumentos.

Por essa época, Beethoven começou a ter dores de cabeça cada vez mais fortes. Em 1796, os médicos tinham detectado que seus dois ouvidos internos estavam congestionados e o trataram. Beethoven não revelou sua doença até 1806, quando anotou numa partitura: "Não guardes mais o segredo de tua surdez, nem mesmo em tua arte!"

A surdez total veio em 1819, mas, desde mais de uma década antes, sua surdez progressiva o impedia de ouvir bem as próprias composições. Nem mesmo a sua obra-prima, a Nona Sinfonia, pôde ser ouvida por ele.

Apesar disso, não abandonou sua arte — mas tornou-se desgostoso: "Ó vós, homens, que me julgais hostil, obstinado e misantropo, quanto sois injustos comigo... Não sabeis as causas secretas de minhas atitudes", escreveu, numa espécie de carta-testamento dirigida a seus irmãos. Beethoven escrevera essa carta, jamais enviada, na qual declara a tormenta que quase o levou ao suicídio. Eis mais um trecho da carta, conhecida como o *Testamento de Heilingenstadt* (nome da cidade onde a carta foi escrita):

Foi a arte, e apenas ela, que me reteve. Ah, parecia-me impossível deixar o mundo antes de ter dado tudo o que ainda germinava em mim! (...) Divindade, tu vês do alto o fundo de mim mesmo, sabes que o amor pela humanidade e o desejo de fazer o bem habitam-me.

Em virtude de um estado de alma cada vez mais deprimido, Beethoven já não produzia muitas obras. Tornava-se mais e mais introspectivo: "O que está em meu coração precisa sair à superfície. Por isso preciso compor", dizia.

Uma outra carta surgiu em 1812 para deixar à humanidade mais evidências da alma desse gênio musical. Foi denominada *Carta à Bem-Amada Imortal*. Beethoven era um infeliz na vida amorosa. Amou muito, mas apenas uma vez foi correspondido; nunca se casou. O que se sabe desse amor está declarado na carta:

Meu anjo, meu tudo, meu próprio ser! Podes mudar o fato de que és inteiramente minha e eu inteiramente teu? Fica calma, que só contemplando nossa existência com olhos atentos e tranqüilos podemos atingir nosso objetivo de viver juntos. Continua a me amar, não duvides nunca do fidelíssimo coração de teu amado L., eternamente teu, eternamente minha, eternamente nossos.

Nunca se soube quem realmente foi essa bem-amada imortal. Maynard Solomon, um dos biógrafos de Beethoven, em 1977, a partir de detalhadas pesquisas, pensou que se tratasse da mulher de um banqueiro de Frankfurt, Antonie von Birckenstock, realmente um amor impossível. Talvez fosse por essa razão que ele nunca tivesse se casado.

∽

Primeiro músico a introduzir nas peças o plano da subjetividade, Beethoven teve atuação destacada na transição do movimento clássico para o romântico. Queria um diálogo entre corações. Com seu estilo, renovou a herança deixada por Mozart e Haydn. Sua música era composta por contrastes profundos e brilhantes. Beethoven percorreu os mais variados gêneros musicais de então, mergulhando num mar de óperas, balés, teatros, missas, oratórios, obras de forma livre. Tinha livre trânsito nessa arte e as avenidas que levavam às sonatas, aos concertos, aos quartetos de corda e às sinfonias eram as mais freqüentadas pelo público, tinham mais a simpatia dos ouvintes.

Beethoven usava a estrutura das sonatas para construir formas. Escreveu 32 delas. Foram produzidas ao longo dos três períodos de sua vida criativa, mas as dezesseis do segundo período seriam as mais numerosas e algumas das mais conhecidas: a *Sonata ao Luar*, a *Aurora*, ou *Waldstein*, e a *Appassionata*. Beethoven inovou inigualavelmente a estrutura da sonata, brincando com novas formas, número de movimentos e sua ordem, deixando-as mais emocionais. Determinando a instrumentação adequada a cada uma, a par do desenvolvimento técnico do piano, entrou com ele no início do século XIX. Isso ocorreu a partir da sonata *Waldstein*, para piano. Sua alma queria se expandir além da estrutura da época, tanto que suas últimas cinco sonatas foram indicadas para o mais avançado piano de martelo vienense, o *Hammerklavier*, como ficou conhecida a sonata opus 106, que se assemelha a uma sinfonia para apenas um piano. Outras grandes obras-primas são as duas últimas, identificadas pelos códigos opus 109 e 110, de caráter quase romântico. A mais conhecida entre as onze sonatas do primeiro período é a *Patética*, apresentando temas dramáticos através de seus acordes. O primeiro movimento dessa sonata começa com um maravilhoso e fresco *adagio sostenuto*, um colorido do romantismo, peça pela qual o compositor é famoso até hoje. *Waldstein* já se forma de dois movimentos rápidos, ligados por uma ponte lenta.

A maioria dos concertos foi criada no segundo período. São ao todo sete, para orquestra com solista: cinco para piano, um para violino e um para violino, violoncelo e piano. Três dos concertos que escreveu apresentam semelhanças com a obra de Mozart; os dois primeiros, para piano, remetem à sua juventude, e o terceiro foi composto durante seu período de transição. Passaram-se alguns anos até criar o quarto concerto, de uma beleza suave, mesclando toques românticos e líricos de piano com orquestrações mais fortes, tocadas por cordas de som mais grave. O quinto concerto, *Imperador*, também composto para piano e orquestra, ganhou grande fama. Contudo, foi para violino que criou seu concerto mais popular e perfeito para o instrumento. Fez parte do *Concerto Tríplice* (piano, violino e violoncelo), influenciando posteriormente o *Concerto Duplo*, de Brahms. Reconhecem-se também nessa peça influências de Mozart e Haydn. Os dois concertos para piano de maior destaque são o número 4, opus 58, e o número 5, *Imperador*, opus 73.

No gênero música de câmara, destacam-se os últimos quartetos de cordas que escreveu, que englobam vários recursos. Embora tivesse criado obras desse gênero durante toda a sua vida, os melhores são realmente esses seis, escritos nesta terceira fase, mais profunda e introspectiva.

O quarteto opus 131 apresenta sete movimentos, todos encadeados entre si, formando uma obra de grande genialidade. Começa com uma fuga lenta e marcante e no quarto movimento aparece uma progressão de sete variações, e a obra termina com um *allegro*, que volta para o principal tema do primeiro. É uma obra extensa, porém apresenta coesão.

O musicólogo Paul Bekker classifica as sinfonias de Beethoven em dois grupos: o primeiro se refere às oito primeiras e no último grupo está a *Nona*. Esta, a sinfonia *Coral*, para vários instrumentos, é o ponto alto da sua obra. A introdução do coro final foi algo inédito na época. O texto do coro é um poema de Schiller, *Ode à Alegria*. Além de ser a mais conhecida, a *Nona Sinfonia* foi um marco na arte musical e inspirou obras de Bruckner, Mahler e Wagner. Dela disse Brahms: "Escutar atrás de si o ressoar dos passos de um gigante".

De toda sua obra vasta, as nove sinfonias são as peças mais conhecidas. Exceto a primeira e a última, as demais foram compostas durante seu período de transição. A *Primeira Sinfonia* foi criada quando esteve em Viena e por isso reflete as influências dos mestres Haydn e Mozart. Na *Segunda Sinfonia*, começam a transparecer as características próprias de Beethoven; foi composta na fase de transição. Essas características surgem de forma completa na *Heróica*, a *Terceira Sinfonia*. Inicialmente dedicada a Napoleão Bonaparte, possui um tema épico e fenomenal. Porém, quando Napoleão Bonaparte disse ser o imperador da França, Beethoven tirou, decepcionado, a dedicatória e a inseriu na peça *À Morte de um Herói*, uma marcha fúnebre.

A *Quarta* possui uma introdução extensa, um tanto dissociada da peça como um todo. A *Quinta Sinfonia* tem cunho dramático: traça um caminho que se inicia na escuridão e termina na luz. Influenciou obras de Brahms e Sibelius.

A sinfonia seguinte, *Pastoral*, reflete em seus cinco movimentos a vida campestre e abriu o caminho para Lizst e Berlioz no gênero da música programática. Já Schumann e Wagner apreciavam o *allegretto* contrastante da *Sétima Sinfonia*. Segue-se a *Oitava*, semelhante à

Sétima; nesta substituiu o *scherzo* das outras por um *minueto*. Foi a única assim estruturada.

Beethoven ficou como tutor de seu sobrinho de 8 anos após a morte do irmão Karl, em 1815. O menino tinha ficado com a mãe, mulher com quem Ludwig não simpatizava. Para obter a tutela teve de recorrer à Justiça, o que levou tempo e demandou grande desgaste ao compositor. Ele, que nunca fora casado, agora criava uma criança. Passou quatro anos deprimido e são desse período suas mais encantadoras produções, como a sinfonia *Coral*, as *Variações de Diabelli* e a *Missa Solene*, assim como quartetos de corda.

Beethoven adoeceu seriamente enquanto compunha outras obras, a décima sinfonia, outra ópera e um réquiem. Vitimaram-no a cirrose, pneumonia e infecção intestinal.

As produções anteriores ao terceiro período do compositor, iniciado por volta de 1814, são muito distintas; antes Beethoven ouvia, agora não mais. Mas nem por isso a beleza de suas obras feneceu, como provam a *Missa Solene* e a sinfonia *Coral*. Porém, a estréia da última foi uma catástrofe. Beethoven assistia a um coro mal ensaiado, que cantou com dificuldade para uma platéia que a princípio vaiava. Surdo, Beethoven não pôde entender o que se passava. Sentado na primeira fila, foi avisado por alguém para que sentisse a reprovação dos ouvintes, mas permaneceu em silêncio. Mais uma vez o público sabia que estava diante de um gênio incompreendido e o aplaudiu efusivamente.

Para Beethoven, era a consagração silenciosa.

A sinfonia *Coral* é, sem dúvida, uma das mais belas criações artísticas de todos os tempos. Seu primeiro movimento tem o andamento *allegro ma non troppo, un poco maestoso*. A sonoridade inicial, em volume baixíssimo, só é percebida como um eco depois que se eleva. A uma introdução breve segue-se um movimento rápido de grande beleza. A seguir ouve-se o *molto vivace*, cujo início é muito conhecido, tendo sido executado até em telenovelas. Seguem-se novo movimento mais rápido e o *adagio molto cantabile*, extremamente emocional. Ouve-se então um *presto, allegro assai*, que encerra a obra com chave de ouro. É nesse movimento que entra a voz, que dá o nome da sinfonia. É o testamento vocal de Beethoven, num final muito elevado.

A sinfonia *Coral* está além de qualquer definição. Não é clássica, tampouco romântica. Só sabemos que é magnífica. E isso já basta. Para Claude Debussy, essa obra é um peso para os músicos que vieram depois de Beethoven. "Eles tomavam a sinfonia como um ideal a ser alcançado a qualquer preço. Depois compreenderiam que é uma tarefa impossível."

E essa é a maior obra do maior compositor de todos os tempos. "Depois dela, o que fazer?"

A morte de Ludwig van Beethoven sobreveio em 26 de março de 1827, passados três anos dessa estréia. Mais velho, surdo, solitário e entristecido por causa de um sobrinho que tentara suicidar-se, Beethoven deixou o mundo, coroado de glórias. Era uma tarde tempestuosa e ele estava acompanhado da cunhada e dos amigos Breuning e Schindler, que testemunharam seu último gesto: erguer o punho fechado contra o destino.

Capítulo 4

Francisco,
o sol maior

São Francisco de Assis, chamado também de o Trovador e o Pobre de Deus, tão poeta quanto santo, trouxe para a Igreja e para o mundo, para seu tempo e para todos os tempos o seu grande sonho de solidariedade: pessoas, bichos, pássaros, astros e anjos, numa grande comunhão da alma universal.

Nascido na época dos trovadores, desde criança Francisco teve contato com a produção cultural da época. Cantava as canções da lenda do Santo Graal, *Tristão e Isolda*, *Fada Morgana* e *Parsifal*, entre outras, enamorando-se das mocinhas abandonadas dos livros. Tinha a alma pura e religiosa, era alegre e brincalhão. Vivia na corte, vestia-se luxuosamente com roupas de seda bordadas a fio de ouro e prata.

Conta-se que numa manhã de primavera Francisco caminhava seguido de um bando de pequenos cordeiros. Sempre se dirigia às casas, batia às portas e pedia alimentos quando estava com fome. Recebia as sobras de comida, como pães, frutas e verduras já em condições de irem para o lixo. Chamava-as a mesa de Deus. Mas nesse dia mudou os planos e andou até o rio que brilhava à luz do sol, margeado por uma vegetação típica verde-escura. Lá havia peixes em abundância. Chegando, lançou um anzol na água e logo conseguiu pescar um pequeno peixe. Tinha fome e poderia satisfazê-la, preparando-o e comendo-o. Foi então que se deu conta de que, para saciar-se, seria preciso acabar com uma vida que pulsava em suas mãos. Olhou para o peixinho e não viu sentido em exterminá-lo: vivia tão feliz dentro daquelas águas cristalinas...

Assim, devolveu o animalzinho ao rio, apesar da imensa fome que sentia. O peixe depressa mergulhou para o fundo das águas enquanto Francisco o abençoava, bendizendo a vida concedida por Deus que fora preservada e aconselhando o animal a não mais ceder à tentação da gula. O peixinho parecia agradecer.

A partir desse dia, todas as manhãs em que Francisco se aproximava das margens do rio, aquele mesmo peixinho subia à tona e lá permanecia até que Francisco lhe desejasse um dia feliz. Costumava chamar a tudo de "irmão" ou "irmã": "Bom dia, irmão peixinho!".

Francisco acordava sempre cedo e ia pregar. Pelo caminho, cumprimentava todos os animais e era por eles cumprimentado: a irmã Cigarra cantava alto, o irmão Faisão o seguia repousando ao pé das árvores do caminho e o irmão Cachorro o acompanhava latindo.

Pousadas entre os galhos e as folhas das árvores, as andorinhas faziam grandes alaridos com seus pios estridentes, abafando as preces e cânticos de Francisco a Deus.

Nesse bosque barulhento, Francisco pedia às aves que fizessem mais silêncio, uma vez que nem ele próprio era capaz de ouvir suas pregações. Repreendia-as, chamando-as "irmãzinhas", até que o ruído amenizasse. Mas logo as aves recomeçavam seus trinados em altíssimo som. Francisco então, com o cenho cerrado, novamente se dirigia a elas pedindo de novo que se aquietassem.

As pessoas à volta riam a valer e as barulhentas avezinhas, envergonhadas, obedeciam, quietinhas nas árvores a ouvir as palavras que Francisco dizia ao povo sobre as glórias de Deus. Aproximou-se também a irmã Lebre, vivaz e irrequieta, e lá ficou enquanto Francisco pregava.

Em 26 de setembro de 1182, nascera Giovanni Di Pietro Bernardone, filho de Maria Picalini Bernardone e Pietro Bernardone, abastados comerciantes de Assis, na Itália. Menino bem-educado, era simpático e amistoso. Bem falante, cativava os clientes do estabelecimento do pai, onde começou cedo a trabalhar. Resolveu trocar seu nome, Giovanni, por Francisco, mesmo nome pelo qual João Evangelista trocara o seu quando fugia dos perseguidores que queriam matá-lo. Era uma homenagem.

Certo dia, ocupado com as vendas na loja, despediu com rudeza um mendigo e, chorando pela agressão que cometeu, caiu em si e decidiu que nunca mais diria um não aos necessitados.

Nunca passara por privações, levando uma vida plena em abundância e riquezas, sem se preocupar com as dificuldades alheias ao seu mundo.

Quando jovem, divertia-se em longas festas e varava a madrugada na companhia de amigos. O menino Francisco viveu no período em que a corrupção era imensa na Igreja Católica, que chamava de pecadores aos pobres e aos não-católicos. Era a época das cruzadas ou guerras santas, patrocinadas pela Igreja, cujo objetivo era perseguir os pagãos da dita civilização cristã. Os cruzados invadiam terras, expulsavam seus governantes, tidos como pecadores não-cristãos.

Francisco, aos 17 anos, como a juventude toda daquele tempo, quis participar dessa aventura, estimulado pelo pai, que queria que ele fosse um herói. Chegou a ser soldado de Assis, mas foi preso numa batalha e passou mais de um ano no cárcere, onde conheceu o evangelho, até ser libertado pelo pai. Saiu de lá enfermo e fraco, pensando em mudar o rumo de sua vida. Mas isso só aconteceu depois de lutar em outra guerra, o que reforçou tal desejo.

Aos 24 anos, recebeu a revelação do crucifixo de São Damião, enquanto visitava as ruínas dessa igreja. Conta-se que ouviu uma voz que ordenava: "Francisco, reforma a minha casa!". Imaginou que isso significava restaurar a igreja de São Damião, e pôs-se a fazê-lo. Com a intenção de impedir a ação de Francisco, um amigo prestou-se a ajudá-lo, ao que Francisco retrucou que, se quisesse mesmo ajudá-lo, se agachasse e o auxiliasse a erguer as pedras para a reforma da igreja.

Descobrindo o que o filho fazia, o pai de Francisco surrou-o e trancou-o em casa, no porão. Estando o pai ausente, a mãe o soltou.

Francisco saiu e entregou todos os seus bens ao bispo para que os desse aos necessitados e, num gesto de renúncia à herança do pai, despiu-se das próprias vestes.

Os irmãos permitiram que Francisco morasse com eles e lá surgiu a Primeira Ordem de São Francisco. Seguindo esse exemplo, várias mulheres, entre elas Clara, passaram a morar na capela de São Damião, que Francisco reconstruíra para elas. Nascia a Segunda Ordem: Damas da Pobreza ou Filhas de Santa Clara, Clarissas. Esses passos foram seguidos por outros, homens leigos, solteiros ou casados — que não queriam confinar-se em conventos. Com a ajuda de Francisco, fundaram a Terceira Ordem de São Francisco.

Certo dia, Francisco pretendia sair para evangelizar, quando foi avisado de que, pelos bosques por onde passaria, na cidade de Gúbio, surgira um gigantesco lobo, uma besta que já devorara inúmeras pessoas das cercanias. Muitos já haviam tentado matá-lo, em vão. O povo estava tomado de horror e se trancava em casa; quando saíam, o faziam em grupo, armados, e raramente iam ao bosque. Crescia o terror e a lenda: já se dizia que o lobo era invencível, por ser dotado de estranhos poderes. A figura do animal ganhou um vulto gigantesco na imaginação das pessoas: era uma besta assassina, coberta por quilos e quilos de pêlos, musculosa e feroz.

Não se podia ouvir um uivo à noite sem que portas e janelas fossem trancadas, protegidas por toras. E dentro das casas era um escarcéu: mulheres trêmulas choravam e erguiam preces aos céus pedindo por um socorro que não aparecia.

Francisco, apesar dos rogos das pessoas, implorando que não passasse pelo bosque, estava disposto a atravessá-lo. Aconselharam-no, então, que levasse consigo ao menos algo com que pudesse se defender, como uma faca ou similar. Francisco recusou o conselho argumentando que não tinha coração para ferir o coitadinho do irmão Lobo. Tal resposta provocou risos nos conselheiros que, com o peito apertado, assistiam a Francisco pôr-se em marcha sozinho e desarmado, até o perderem de vista. Permaneceram parados, acenando, desanimados, tentando enxergar o vulto de Francisco, que já saíra há tempo. Inconformados, voltaram para dentro das casas.

Passavam-se os dias, as semanas, e Francisco não retornava. As pessoas lamentavam seu desaparecimento, sempre lembrando de sua jovialidade e de sua bondade com as pessoas e os animais. Alguns chegaram a cogitar que Francisco era um tanto louco, pois conversava com os animais. Outros não concordavam por acreditar que os animais ficavam atentos ao ouvir palavras tão doces e suaves, ditas em nome de Deus por um homem tão generoso e singelo, que sempre expressava bondade no rosto e nos gestos. Não importava se as aves e os demais animais o compreendessem ou não, o certo é que sentiam a aura de santidade de Francisco.

Deste modo pregara Francisco:

Muito deveis ao Criador, minhas irmãs avezinhas do Céu. Ele vos deu o firmamento, o infinito azul de liberdade infinita, e asas com que o desfrutais. Ele vos permitiu voar livremente para onde vos apraz. Ele vos ofereceu o senso de direção, tão milagroso! Com o que evitou que vos perdêsseis. Jamais haverá, em toda a imensidão, um pássaro perdido.

Ele vos deu os instrumentos de alcançar as alturas e ir aonde vos leva o vosso querer, e de voltar para onde vos aguarda a vossa querência. Só vos está vedado o regresso se encontrardes no caminho, por vossa desgraça, o bicho homem-caçador ou a sua cria: o menino com a arapuca. Ele providenciou o vosso agasalho, a árvore para o ninho e as penas com que vos revestiu contra o frio. Ele vos deu, de graça, com fartura, regatos e fontes, rios e lagos, para a vossa sede. Fez crescerem as altas árvores, as florestas, para defesa e abrigo. E os rochedos e penhascos, onde pousais, tranqüilos, e onde ficareis em segurança, fora do alcance dos que vos perseguem.

Preparou o vosso galardão entre todos os animais, tingindo das cores do arco-íris a vossa plumagem, tão linda que mesmo os lírios do campo não se vestiram jamais com tanta riqueza. Tão formosa que, já diziam os poetas, Deus vos fez com tamanho esplendor apenas para mostrar como seriam as flores, se voassem. E assim, sem que saibais fiar ou tecer, tendes roupa, a mais

77

bela, a mais quente e a mais durável. E inconsútil!

E o alimento, variado, rico, consistindo em frutos, flores, insetos, a natureza completamente ao vosso dispor e apetite! Nenhum de vós planta, nenhum de vós cultiva, nem colhe, nem armazena, e comeis como glutões os raros acepipes no banquete da vida. E não pagais por todas essas dádivas. Agradecei, pois, irmãzinhas! Cantai os seus louvores. Cantai com a voz que Deus vos deu! Cantai os seus louvores! Cantai!

Dizem que, ao término da pregação de Francisco, ocorreram manifestações de júbilo entre os pássaros, que cantavam, saltavam de galho em galho, remexiam as asas e as cabecinhas ao redor do santo. Conta-se ainda que São Francisco rendeu glórias a Deus e, com ternura, fez sobre as aves o sinal-da-cruz. Abençoando-as, fez com que cantassem em uníssono em louvor ao Criador. Deve ter sido um espetáculo de rara grandeza.

Passado um tempo, quando os amigos de Francisco já falavam dele com saudade, eis que vêem seu vulto se aproximando suavemente, emagrecido e coberto de poeira. Mas sua expressão era de êxtase. Estava vestido com o mesmo traje, porém mais roto e mais gasto. Estava descalço e segurando a cuia de esmolar. Vinha atrás dele, cabisbaixo, o temido lobo de Gúbio, balançando a imensa e peluda cauda. As pessoas, amedrontadas, perderam o controle: uns puseram-se a correr, outros a gritar, outros ainda tentaram investir contra o lobo. Francisco espantou-se com a reação dos amigos e disse-lhes que aquele era o irmão Lobo, seu companheiro fiel, que o guardava e o protegia.

Feito isso, voltou-se para o lobo, estendeu-lhe a mão. O lobo veio pacatamente até ele, ergueu a pata e pousou-a com delicadeza na mão de Francisco.

Irmão Lobo havia se transformado num animal dócil com todos, e nunca mais abandonou Francisco, seguindo-o para onde fosse, como um cãozinho.

Continuou sempre seguido pelos irmãos Cordeiros, pelas irmãs Andorinhas e, quando remava pelo rio em sua pequena canoa, o irmão Peixe o seguia. Cada vez mais era acompanhado por toda espécie de animais, que vinham de todos os lugares, inclusive das florestas e montanhas mais distantes.

Sempre em penitência, ia envelhecendo, sentindo dores, molhado pela — como chamava — irmã Chuva, sentindo o sopro gelado do irmão Inverno em seu corpo frágil, agastado pelo irmão Cansaço. Não tinha teto para abrigar-se nem travesseiro para deitar a cabeça. Contam que ele se dizia noivo da dona Pobreza e sorria.

Vamos agora recordar Clara. Era uma moça de família nobre, nascida em 1194, filha de Favorino Schiji, conde de Sasso-Rosso, e de Ortolana, descendente dos nobres Fiumi. A jovem ouvira comentários sobre a vida de Francisco e ficou espantada. Foi até ele e, escutando suas palavras, tomou a resolução de seguir seu exemplo. Abandonou o mundo e começou a servir a Deus. Fez votos de castidade e de pobreza, como Francisco, e foi muito testada por ele, que dizia que as mulheres eram veneno. Disse Francisco a Clara que, se quisesse segui-lo de verdade, teria que provar sua vocação despojando-se de tudo, inclusive das vestes, e cobrir-se com um saco. E, assim vestida, teria de caminhar pela cidade esmolando pão para comer.

Contam que a moça, a mais bonita de Assis, assim o fez. Passou a andar pelas portas das igrejas pedindo esmolas.

Nessa época, Francisco já fora abençoado pelo papa e sua conduta fora também autorizada. Ninguém mais o tinha por louco. Clara dirigiu-se ao bosque, encontrou Francisco e a irmandade. Todos a esperavam e a levaram até a capela de Santa Maria dos Anjos e seu cabelo longo e dourado foi cortado. Feito isso, Francisco entregou-lhe a vestimenta da ordem.

São Francisco era também poeta. Em homenagem ao sol — que chamava de senhor irmão Sol, compôs o cântico *Os Louvores das Criaturas*, também conhecido como *Cântico do Sol*.

Altíssimo, onipotente e bom Senhor,
louvor e glória, e honra e bênçãos,
a ti somente se conferem.

Nenhum mortal é digno de dizer teu nome.
Louvado sejas Tu, Deus meu e meu Senhor!
Com todas as Tuas criaturas
especialmente o senhor Irmão Sol,
que o dia fez e nos dá da sua luz.
Ele é belo, radiante e tem grande esplendor.
Ele te representa, Senhor.

Assim louva as criaturas:

A Irmã Lua, que no céu está clara e formosa. E o Irmão Vento e o ar e as nuvens. E a Irmã Água, tão bela, tão necessária e tão humilde e preciosa e casta! E o Irmão Fogo, que é belo e feliz e tão robusto e forte! E a Irmã Cinza, tão casta!

Pouco tempo antes de expirar, São Francisco acrescentou ao *Cântico do Sol* um último louvor:

Louvado sejas Tu, meu Senhor, por nossa Irmã a Morte Corporal!

Francisco morreu aos 44 anos, em Porciúncula, para onde pediu que o levassem ao perceber a chegada da morte. Cantava seu cântico *Trovador de Deus* quando ela chegou, num sábado, dia 3 de outubro.

Francisco e Clara foram sepultados na igreja de São Jorge, em Assis.

Há uma lenda em torno do fato que sucedeu após a morte de Francisco. Era noite e os habitantes de Assis foram acordados por um grande clarão que surgiu no céu, cintilando todas as estrelas e apagando a lua. Acordados, saíram à rua para verificar o que estava acontecendo. Moveram-se em direção ao clarão num clima silencioso, de mistério. Tudo e todos estavam paralisados. A luz tornou-se mais ofuscante e os atraiu para dentro dela. Depararam-se todos, então, com a capela de Santa Maria dos Anjos. Francisco e Clara, à mesa, repartiam o pão de Deus, falando sobre o amor do Criador.

Francisco de Assis, o amalucado filho de Pietro Bernardone, era dois, como todos nós. Mário de Andrade confessava ser trezentos e quarenta e concluía a confissão com o seu grande sonho "um dia serei um."

Vendo esse esfarrapado monge, cheio de amor de Deus, ardendo como chama, queimando-se literalmente, em holocausto ao seu grande sonho de servir o Senhor, louvá-lo, levar para Ele as criaturas, onde estaria o outro, o doidivanas, o vaidoso, o sensual?

Esse Francisco transformado diz humildemente que ninguém deve se elevar acima dos outros. Quer que se refreie o corpo, o irmão Burro; fala da paciência, da paz, da pureza do coração. Da compaixão pelo próximo. Do exaustivo trabalho na seara de Deus.

E, enquanto prega, com a palavra e com as obras, faz soar cantos de contentamento em honra daquele que é a sua força.

"Celebrai com gritos de alegria o Senhor, Deus vivo e verdadeiro! Pois Ele é altíssimo, temível, grande Rei sobre a terra."

O humilde Francisco, o andarilho, o mendigo, o noivo de dona Pobreza, constituiu-se como arauto.

"Eu sou o arauto do Grande Rei."

O papa eleito em 19 de março de 1227, cardeal Hugolino, era protetor da Ordem e amigo de Francisco. Nomeou-se Gregório IX e canonizou Francisco de Assis no mesmo ano, dia 16 de julho.

História 5

Martin Luther King Jr., o sol das minorias

Nas cidades do sul dos Estados Unidos, entre elas Montgomery, os negros só se sentavam nos bancos dos ônibus que não estavam ocupados por brancos. Nessa cidade, em 1955, a negra Rosa Parks reagiu ao preconceito, negando seu lugar a um branco, o que fez com que fosse expulsa do ônibus com agressões. O fato despertou a reação dos negros da cidade, que boicotaram a frota de ônibus durante um ano. Para a então recentemente formada Associação para a Melhoria de Montgomery, elegeram como presidente o pastor Martin Luther King Jr. Durante esse período de confrontos, Martin participou ativamente e, orador excepcional e corajoso, tornou-se conhecido nacionalmente.

Inconformados, os racistas, depois de atacar a casa do pastor, prenderam-no junto com outros membros da liderança sob argumento de conspirar contra as empresas de transporte. O caso foi levado à Suprema Corte dos Estados Unidos e as leis de segregação racial de Alabama foram declaradas inconstitucionais. Era 1956. Essa primeira conquista excitou Luther King, cujo próximo passo seria lutar pelo direito dos negros ao voto.

Havia outras arbitrariedades contra os negros norte-americanos, como bebedouros e assentos de teatro separados para brancos e negros. Até as crianças negras eram ameaçadas.

Martin Luther King Jr. inspirou incontáveis seguidores na militância e suscitou a pesquisa e a redação de milhares e milhares de páginas a seu respeito, em busca de compreender e transmitir a sua sabedoria e seu exemplo, seu sonho luminoso. Apenas na Universidade de Stanford, são centenas de teses e livros sobre esse paladino dos direitos humanos.

Após quatro anos da morte de Martin Luther King Jr., o democrata John Conyers, do estado de Michigan, teve aprovado, em 1986, seu projeto, apoiado por assinaturas de milhões de pessoas, de celebrar como feriado nacional nos Estados Unidos a data de nascimento do líder negro (20 de janeiro). O projeto demorou muito a ser aprovado por causa da reação da oposição, que argumentava que, a cada feriado, o país perdia milhões de dólares.

Os únicos norte-americanos a terem a data de nascimento celebrada como feriado nacional são George Washington e Martin Luther King Jr. Alguns estados homenageiam com feriados os aniversários de outros presidentes, como Abraham Lincoln e Thomas Jefferson, mas isoladamente.

A admiração por Martin Luther King Jr., líder negro que combateu os preconceitos, as lutas e a miséria, é grande no mundo inteiro.

∞

Filho de Martin Luther King, pastor batista, e de Alberta King, professora, foi batizado como Michael (por erro do registro civil, corrigido apenas em 1957). Nasceu em Atlanta, Geórgia, em 1929. Ainda criança, demonstrava-se interessado por religião — seu avô também era pastor batista. O menino precocemente discutia passagens bíblicas com muita sagacidade e emoção. Freqüentava a igreja, ouvia os sermões do pai e se deleitava cantando gospels. Percebera que os afroamericanos tinham na igreja o principal apoio para obter uma vida mais digna.

Tornou-se pastor em 1951, após cursar o Seminário Teológico Crozer, em Chester, Pensilvânia. Contraiu matrimônio dois anos depois com Coretta Scott, em Alabama, tendo com ela quatro filhos: Yolanda Denise, Martin Luther King III, Dexter e Bernice Albertine.

Mudou-se para Montgomery, Alabama, em setembro de 1954, para ser pastor da Igreja Batista da Avenida Dexter. Doutorou-se em teologia no ano seguinte.

Ocorreram dois fatos que o abalaram em 1956: a prisão por dirigir em velocidade um pouco além do permitido e o atentado à bomba em sua casa.

No ano seguinte, em fevereiro, Martin foi nomeado o primeiro presidente da Conferência dos Líderes Cristãos Sulistas, formado por ministros negros um mês antes.

Seu primeiro livro, *Passo para a Liberdade*, sobre a questão com as empresas de ônibus ocorrida em Montgomery, foi publicado em 1958. Foi esfaqueado por uma mulher africana durante o lançamento do livro, numa livraria do Harlem.

Visita a Índia. Anos antes, em 1948, quando terminava a faculdade em Atlanta, Geórgia, soubera da morte de Gandhi, vítima de violência racial. Tinha uma admiração enorme por Mohandas K. Gandhi, por sua postura de resistência passiva. Inspirara-se nele e o via como o responsável pelas vitórias das conquistas dos direitos civis.

Voltou à terra natal em 1960 para exercer o cargo de pastor na Igreja Batista Ebenezer, onde seu pai também o fora. Dois anos depois, foi ao encontro do então presidente John F. Kennedy, em busca de apoio urgente aos direitos civis.

Esteve preso novamente em 1963, em Birmingham, por liderar um ato local que protestava contra demissões ocorridas num estabelecimento comercial, sob alegação de desacatar a ordem judicial. Na prisão, Martin escreveu com eloqüência um texto sobre direitos civis, publicado como *Carta da cadeia de Birmingham*. A obra teve ampla divulgação e tornou-se um clássico do movimento dos direitos civis.

Nesse mesmo ano, discursa em Washington para 250 mil pessoas, diante do memorial de Lincoln. É o famoso discurso *Eu Tenho um Sonho*.

No dia 10 de dezembro de 1964, recebeu o Prêmio Nobel da Paz. Encontrara-se antes, nesse mesmo ano, com o Papa Paulo VI, e com o então prefeito de Berlim Ocidental, Willy Brandt.

Em 18 de janeiro de 1965, quando se inscrevia como eleitor, foi atacado por James George Robinson, de Birmingham. Estavam no Hotel Albert, em Selma, Alabama. Levara, junto com outros líderes, seu protesto contra o racismo nas eleições ao presidente Lyndon B. Johnson, em 9 de fevereiro desse mesmo ano.

Havia uma recompensa de 30 mil dólares a quem o matasse, e ele recebeu 50 ameaças de morte. Mesmo assim, Luther King e mais de três mil pessoas empreenderam uma marcha de seis dias de Selma a Montgomery.

Martin também sabia relaxar da tensão e do esgotamento em que vivia: num dia de abril de 1968, instalou-se exausto no Hotel Lorraine, em Memphis, Tenessee. Também cansados, o reverendo Ralph Albernathy e o companheiro de luta Andrew Young, chegado do tribunal, onde lutava contra a ordem federal que proibia a marcha que apoiava os lixeiros, ocupavam o mesmo quarto. Iniciou-se uma guerra de travesseiros entre os três hóspedes como forma de diluir a ansiedade pela luta atroz pelos direitos humanos.

Na tarde daquele mesmo dia, Martin Luther King Jr. foi morto por Earl Ray.

Um antigo aluno de Martin, Julian Bond, da Faculdade de Atlanta, onde ministrava aulas de Filosofia, seguira os passos do mestre na luta pelos direitos humanos. Era agora professor da Universidade de Virgínia e, passados 25 anos da morte de Martin, publicou o texto:

Com seu prêmio Nobel a credenciá-lo, Martin, um ano depois de receber a honraria, condenou a Guerra do Vietnã e elogiou Lyndon Johnson, o presidente que mais respeitou os direitos civis na história dos Estados Unidos. O movimento dos direitos civis, no embalo do grande incentivo nacional que teve na Ponte Edmund Pettus, em Selma, Alabama, em 1965, na verdade estava preparando sua autodestruição, com suas exigências aumentando e seu apoio público diminuindo. "Eu sou muito mais do que um líder de direitos civis", Martin disse de si mesmo naquele ano. Um ano depois falou para a sua congregação, em Atlanta: "Deve haver uma melhor distribuição de riquezas... Não podemos ter um sistema em que algumas pessoas vivem do supérfluo, enquanto muitos outros vivem na mais abjeta pobreza".

Seu último ano foi marcado pelo aumento nas exigências dos negros americanos e pelas respostas dos brancos. Em 1955, em Montgomery, os negros pediram pacificamente para sentarem-se em mesas onde havia abundância. Muitos brancos acreditaram que os negros queriam a mesa inteira para si.

A violência racial que Martin combateu em vida entrou em erupção no dia de seu assassinato. O movimento que liderou desintegrou-se, pulverizado por exigências que a nação não podia atender.

Dezoito anos depois, o presidente Ronald Reagan relutou mas assinou a lei que tornou feriado nacional o aniversário de Martin Luther King Jr. Hoje as crianças aprendem na escola a história desse líder. Sabem que ele lutou pela integração racial em Montgomery e que falou do seu sonho em Washington. Mas não sabiam, antes que ele morresse, que lutava pela justiça econômica e que questionava o direito dos Estados Unidos de fazer guerra no Vietnã.

Hoje não celebramos o crítico do capitalismo, ou o pacifista que declarou que todas as guerras são más, ou o homem de Deus que argumentava que a nação que escolhe armas em vez de manteiga deixará seus filhos morrerem de fome. Não celebramos o homem que mostrou que o racismo no Alabama era igual ao apartheid na África do Sul.

Não. Nós celebramos um herói anti-séptico. Esquecemos da sua vida controversa e comemoramos só o que há de convencional nela.

Os americanos querem sempre um líder heróico, uma figura solitária que entrega a salvação. Martin foi essa figura, sim, mas veio de um movimento centrado no grupo, representando a democracia, na sua melhor manifestação.

Ele não marchou de Selma até Montgomery sozinho. Ele não falou para um campo vazio em Washington. Havia milhares marchando com ele e na frente dele, e havia milhares mais que, um a um e dois a dois, fizeram o trabalho que precedeu aquela marcha triunfal.

Os negros americanos não marcharam simplesmente para liberdade; nós construímos o nosso caminho para os direitos civis com a dificuldade toda que há no compromisso de organizar. Conseguimos o direito de votar um por um. Construímos uma organização sólida, tijolo a tijolo. Erguemos coalizões anti-raciais, estado por estado.

Hoje ansiamos por outro Martin, porque parecemos incapazes de construir um movimento por nós mesmos. Martin e o movimento dos direitos civis desafiaram o racismo legalizado. E um quarto de século depois de sua morte o racismo extra-oficial ainda crepita, e não há mais Martin, e não há mais o movimento para lutar contra isso.

No quarto de hotel onde Martin foi morto há uma placa com estes dizeres: "Aí vem o sonhador. Vamos dar-lhe honra, e veremos em que se transforma seu sonho".

Hoje lembramos e celebramos metade de um homem. Porque só entendemos a metade de seu sonho.

De 1960 a 1964, Martin Luther King Jr. conseguiu importantes avanços em sua luta. Aconteceram logo após o incidente em Montgomery. Apoiou o protesto pacífico dos estudantes negros das faculdades do sul, integrando-se a ele, e discursou várias vezes para o Comitê Estudantil de Não-Violência. Nesse mesmo ano, Coretta Scott King, sua mulher, recebeu um gentil telefonema de John F. Kennedy, candidato à presidência. Essa ação de Kennedy teve amplos reflexos na comunidade negra, que passou a apoiá-lo, o que foi essencial à sua eleição.

No entanto, Martin e Kennedy seriam incapazes de conter os abundantes movimentos dos estudantes, em 1961. Percebeu-se que havia na comunidade negra membros que não aceitavam a liderança de Luther King nos protestos em Albany, Geórgia, ocorridos naquele ano até o início de 1962. Assim, Martin, que conseguira pequenas conquistas naquela cidade, deu-se conta da necessidade de continuar as campanhas, mas sem conflitos, com o Comitê Estudantil de Não-Violência.

Em Birmingham, Alabama, onde a polícia agia de modo furioso contra os negros, fazendo uso de mangueiras de incêndio e cães,

Martin Luther King Jr., em 1963, liderou protestos em massa. Essa ação chamou a atenção de Kennedy, pois o governador do Alabama, George Wallace, agia de modo muito agressivo contra os negros. Kennedy enviou ao Congresso a legislação que foi aprovada como Ato dos Direitos Civis em 1964. Nesse ano, Martin Luther King Jr. receberia o prêmio Nobel da Paz e faria um discurso incendiado ao receber, no dia 10 de dezembro, a homenagem.

Vossa Majestade, Vossa Alteza Real, Senhor Presidente, excelências, senhoras e senhores:

Eu aceito o Prêmio Nobel da Paz num momento em que 22 milhões de negros dos Estados Unidos estão envolvidos em uma luta criadora para dar fim à longa noite da injustiça social. Aceito esta honraria em nome do movimento dos direitos civis, que caminha com determinação e majestosa decisão de paz para estabelecer um reino de liberdade e de justiça.

Estou ciente de que ontem, em Birmingham, Alabama, nossos filhos, clamando por fraternidade, tiveram de enfrentar jatos d'água de mangueiras de incêndio, cachorros bravos e até a morte. Estou ciente de que ontem, em Filadélfia, no Mississípi, jovens que buscavam o direito de votar foram brutalizados e assassinados. Estou ciente de que a pobreza debilitante e indigna aflige o meu povo e o acorrenta ao mais baixo degrau da escada social.

Assim, devo indagar por que é este prêmio concedido a um movimento condenado a uma luta renitente, a um movimento que não conseguiu ainda lograr a verdadeira paz e fraternidade, que é a essência do prêmio Nobel. Depois de contemplado, concluo que esta honraria, que recebo em nome do movimento, é um profundo reconhecimento de que a não-violência é a resposta para as cruciais questões políticas e sociais do nosso tempo: a necessidade do homem de suplantar a opressão e a violência sem recorrer à opressão e à violência.

Civilização e violência são conceitos antitéticos. Negros dos Estados Unidos, depois do povo da Índia, demonstraram que não-violência não é uma passividade estéril, mas uma poderosa força moral que faz a transformação social. Mais cedo ou mais tarde, todos os povos do mundo descobrirão uma forma de viver juntos, em paz, e transformar essa elegia cósmica em um salmo criador de fraternidade.

Se isto for alcançado, o homem evoluirá para superar todos os conflitos humanos com um método que rejeitará a vingança, a agressão e a retaliação.

E a fundação desse método é o amor.

A tortuosa estrada que leva de Montgomery, Alabama, até Oslo, Noruega, testemunha essa verdade, e é nessa estrada que milhões de negros estão viajando para encontrar o sentido da dignidade. Esta mesma estrada abriu para todos os americanos uma nova era de progresso e esperança. Levou à Lei dos Direitos Civis e será, tenho certeza, aumentada para uma grande auto-estrada de justiça quando o negro e o branco, progressivamente, criarem alianças para superar seus problemas comuns.

Aceito este prêmio, hoje, com fervorosa fé na América e audaciosa fé no futuro da humanidade. Recuso-me a aceitar o desespero como resposta final para as ambigüidades da história.

Recuso-me a aceitar a idéia de que o que se acredita que seja a natureza do homem o torne moralmente incapaz de alcançar um status de nobreza.

Recuso-me a aceitar a idéia de que o homem seja apenas uma almofada flutuando sobre as águas do rio da vida, incapaz de influenciar os eventos que se descortinam ao seu redor.

Recuso-me a aceitar que a humanidade esteja tão tragicamente atada à obscuridade do racismo e da guerra que a claridade da paz e da fraternidade não possa nunca tornar-se realidade.

Recuso-me a aceitar a noção cínica de que a nação atrás de nação tenha que seguir a escada espiral do militarismo que leva ao inferno da aniquilação nuclear.

Acredito que a verdade desarmada e que o amor incondicional terão a palavra final. Eis por que o direito, temporariamente derrotado, é mais forte do que o mal aparentemente triunfante.

Acredito que, em meio aos morteiros e às balas de hoje, ainda haja esperança para um amanhã mais radiante.

Acredito que a justiça, ferida, prostrada nas ruas sangrentas de nossas nações, possa se erguer do pó do vexame para reinar suprema entre os filhos dos homens.

Tenho a audácia de acreditar que os povos de todos os lugares possam ter três refeições por dia para os seus corpos, educação e cultura para suas mentes, e dignidade, igualdade e liberdade para os seus espíritos.

Acredito que o que os homens egoístas destruíram, os homens altruístas reconstruirão.

Ainda acredito que um dia a humanidade se curvará diante dos altares de Deus e triunfará sobre as guerras, e que a boa vontade redentora e não violenta será proclamada rainha da terra. E que o leão e o cordeiro possam viver juntos, e que cada homem possa se sentar sob a sua videira, e nenhum deles temerá nada.

Ainda acredito que triunfaremos.

Essa fé nos dá coragem de enfrentar as incertezas do futuro. Dará aos nossos pés cansados força nova para seguir na direção da cidade da liberdade. Quando os nossos dias ficarem cinzentos de muitas nuvens baixas e nossas noites mais escuras do que mil meias-noites, saberemos que vamos estar vivendo o cadinho criador de que a genuína civilização nasce.

Venho a Oslo como uma testemunha, inspirado e com renovada dedicação à humanidade. Aceito este prêmio em nome de todos os homens que amam a paz e a fraternidade. Digo que venho como testemunha, mas no fundo do meu coração estou ciente de que este prêmio é muito mais do que uma honra para mim, pessoalmente. Cada vez que pego um avião penso nas muitas pessoas que tornam possível aquele vôo, os pilotos e a tripulação desconhecida. Vocês honram com este prêmio os dedicados pilotos de nosso movimento. Vocês honram, de novo, o Chefe Lutuli da África do Sul, que luta pelo seu povo enfrentando a mais brutal expressão de desumanidade. Vocês honram a grande tripulação, sem cujo trabalho e sacrifício, os aviões da liberdade sequer teriam deixado a pista. A maior parte dessas pessoas jamais será manchete de jornais, e seu nome não aparecerá na lista de "Quem é quem". Mas, com o passar dos anos e com a luz da verdade a iluminar esta maravilhosa era em que vivemos, homens e mulheres saberão, e ensinarão as crianças, que temos uma terra melhor, um povo melhor, uma civilização mais nobre por causa dos humildes filhos de Deus que hoje sofrem pelos direitos dos outros.

Acho que Alfred Nobel entenderia, quando digo que aceito este prêmio como se fosse o curador de algum precioso legado que guarda para o real pro-

prietário: todos aqueles para quem a verdade é bela, e para quem a beleza se resume à verdade, e para cujos olhos a beleza da genuína fraternidade e paz é mais preciosa do que diamantes, do que prata ou do que ouro.

Obrigado.

Líder nato, porta-voz da minoria negra residente em todo o território dos Estados Unidos, Martin Luther King Jr. espalhava pela nação sua indignação contra a discriminação cruel contra os afro-americanos.

Em sua trajetória contra o preconceito, Martin se deparou com enormes dificuldades. Dentro das próprias comunidades negras havia oposição à sua técnica de manifestações pacíficas. Foi confrontado por Malcolm X — que foi assassinado em 1965 —, líder dos negros que habitavam o norte, que desaprovava o pacifismo como um meio de luta. Teve também de controlar embates ocorridos dentro do próprio movimento durante a famosa marcha de Selma a Montgomery. No ano seguinte, o fundador do Black Power, Stokely Carmichael, desferiu ferinas críticas à atitude de Martin. Sofreu em Chicago, passado pouco tempo, um atentado, justamente enquanto tentava transmitir suas técnicas pacifistas à violenta comunidade negra do norte.

Aos problemas com os quais se deparava junto aos próprios membros da comunidade negra, somavam-se as oposições a ele dos líderes da política nacional. Martin lutava também contra a miséria e a desigualdade econômica, em defesa dos pobres.

J. Edgar Hoover, célebre diretor do FBI à época, não simpatizava com Martin e tentava destruir sua liderança. Tornou-se ainda mais combativo em 1967: Martin, além dos protestos a favor das minorias de negros e pobres, passou a criticar as ações do exército americano no Vietnã.

Uma parcela de liberais brancos, que o apoiavam, abandonaram-no, e Lyndon Johnson, então presidente, criticava-o duramente.

Nessas circunstâncias, Martin Luther King Jr. perdeu a vida em 1968, em Memphis, Tenessee, no dia 4 de abril.

O livro *Autobiografia de Martin Luther King Jr.* foi publicado em

1998, escrito por Clayborne Carson, baseando-se nos escritos do líder negro e nas entrevistas que fez com ele durante 15 anos.

Martin Luther King Jr. tem seu nome em várias ruas principais de cidades americanas, como em Seattle, Washington; Little Rock, Arkansas; Selma, Alabama; Albuquerque, Novo México; Phoenix, Arizona; e Denver, Colorado.

Martin, apesar de ter vivido menos de quarenta anos, tentando diminuir a violência social americana contra as minorias desamparadas, conseguiu realizar importantes conquistas. Segue-se uma cronologia de sua caminhada:

• 1954 — A Suprema Corte dos Estados Unidos extingue a segregação racial oficial em escolas públicas.

• 1955 — Luther King participa do boicote às empresas de transporte em Montgomery, Alabama, quando Rosa Parks foi presa por recusar-se a ceder a um branco seu lugar no ônibus.

• 1956 — No dia 21 de dezembro, passado mais de um ano de boicote e de processos judiciais, terminam as leis segregacionistas nos ônibus de Montgomery.

• 1957 — Garfield, a escola de segundo grau de Seattle, passa a ser a primeira a ter mais da metade de estudantes não-brancos. Isso ocorreu depois que, em Little Rock, mil soldados foram enviados pelo presidente do país para acalmar as lutas e escoltar nove estudantes negros em uma escola destinada a brancos.

• 1960 — Em fevereiro iniciou-se um protesto dos estudantes de Greensboro, que consistia em ficar nas ruas, e o movimento toma conta do país.

• 1961 — Iniciam-se passeatas pela liberdade contra o preconceito racial. Martin comanda duas reuniões na escola Garfield em sua única visita a Seattle.

• 1962 — James Meredith se inscreve como o primeiro aluno negro da Universidade do Mississípi. Protestos de brancos contra seu ingresso resultam em dois mortos e muitos feridos.

• 1963 — Martin e outros pastores são presos durante uma manifestação em Birmingham, no Alabama. O líder do movimento estudantil, Medgar Evers, é morto no dia 12 de junho ao chegar em sua casa, em Jackson, Mississípi. Houve uma marcha em Seattle, Washington, com quase 1.300 pessoas. Exigiam mais oportunidades de emprego para negros nas lojas de departamentos e então a Bon Marché promete mais trinta vagas para negros. Perto de quatrocentas pessoas se dirigem à prefeitura de Seattle em protesto contra o atraso na votação de uma lei em prol dos negros. Em resposta, forma-se na cidade uma comissão de uma dúzia de membros, incluindo apenas dois negros, e ocorrem mais protestos e prisões. Uma massa de 250 mil pessoas compõe a Marcha para Washington, pedindo apoio para a aprovação de uma nova legislação de direitos civis. Nessa ocasião, Martin faz o seu famoso discurso *Eu tenho um sonho*. A escola distrital de Seattle implanta a ação de transferência voluntária, que permite estudantes negros em escolas brancas. Na explosão de uma bomba na Igreja Batista da Rua 16, em Birmingham, Alabama, quatro meninas morrem.

• 1964 — A Câmara de Vereadores de Seattle coloca em votação a lei da casa aberta, aprovada após quatro anos: concedia a presença de não-brancos em escolas. No Mississípi, três manifestantes pelos direitos civis são assassinados. No dia 2 de julho, o presidente Johnson assina o Ato dos Direitos Civis. Quase trinta anos depois, em 1993, o percentual de empregados negros (0,2%) e asiáticos (0,1%) teria aumentado para 12,2% de afro-americanos e 5,6% de asiáticos.

• 1965 — No dia 11 de agosto, começa um conflito racial em Los Angeles que duraria cinco dias e terminaria com 34 mortos. Cinco dias antes, o presidente Johnson assinara o Ato dos Direitos de Voto autorizando negros e analfabetos a votar.

• 1967 — É eleito o primeiro negro de Seattle a participar da Câmara de Vereadores, Sam Smith.

• 1968 — Aaron Dixon se torna o primeiro líder do movimento do Partido dos Panteras Negras em Seattle. Martin Luther King Jr. é morto em Memphis, e a violência se espalha por mais de cem cidades.

Habitantes de Seattle destroem hidrantes, quebram janelas e apedrejam motoristas; 10 mil pessoas marcham para o centro da cidade, para celebrar a memória do líder assassinado. Pouco depois, Dixon, Larry Gosset e Carl Miller são condenados a seis meses de prisão por reunião ilegal, ou seja, por participarem da marcha. Pedras e bombas foram jogadas no tribunal enquanto a sentença ainda era proferida.

• 1977 — O comitê escolar de Seattle adota um plano para pôr fim ao desequilíbrio social nas escolas.

• 1978 — Seattle se torna a primeira cidade norte-americana de grande porte a exterminar o preconceito nas escolas sem mandado judicial.

• 1989 — É eleito na Virgínia Douglas Wider, o primeiro negro a ocupar o cargo de governador de Estado.

• 1991 — A perseguição e a agressão da polícia ao negro Rodney King são exibidas pelas televisões do mundo inteiro através de gravação. Telespectadores de todo o mundo assistiram a 53 minutos de pancadas. O fato desencadeou conflitos raciais em várias cidades dos Estados Unidos e vários policiais de Los Angeles são penalizados.

Um dos grandes seguidores de Martin foi Andrew Young, participante assíduo dos principais eventos organizados pelo líder das minorias. Depois do assassinato de Martin, Andrew Young por três vezes foi eleito deputado pela Geórgia; foi embaixador nas Nações Unidas por dois anos no governo Jimmy Carter; cumpriu dois mandatos como prefeito de Atlanta no governo Bill Clinton; foi chefe do Fundo de Desenvolvimento para a África do Sul; escreveu um livro de memórias chamado *Compromisso Feliz: o Movimento dos Direitos Civis e a Transformação da América*, publicado pela editora Harper Collins. Uma das frases que escreveu no livro é esta: "Há 25 anos o racismo era a regra. Agora é a exceção". O livro relata os debates de bastidores, as iniciativas e as oposições que envolvem a fundação do movimento, contando como, antes de cada marcha, voluntários eram recrutados entre os simpatizantes dos preceitos de Gandhi, e como dialogavam com os adversários existentes dentro dos governos municipais. Escreveu: "Um dos princípios da não-violência é o de que você deve deixar os adversários em melhor estado do que quando os encontrou".

Andrew Young recebeu a herança pacifista de seu líder, mas nenhum documento é comparável à herança deixada por Martin Luther King Jr. no discurso que proferiu diante do Memorial a Lincoln, depois da Marcha de 1963. Sua filosofia está lindamente traduzida aqui:

Estou feliz de estar com vocês aqui hoje, no que será registrado como a maior demonstração pela liberdade em nosso país.

Há dez décadas, um grande americano, à cuja sombra simbólica estamos hoje, assinou a Proclamação de Emancipação. Aquele decreto se transformou no raio de luz de esperança de milhões de negros escravos condenados pela injustiça. Foi o raiar glorioso da manhã que se seguia à noite da escravidão.

Mas, cem anos depois, o negro ainda não é livre.

Mas, cem anos depois, a vida do negro é ainda ameaçada pelas correntes da segregação e da discriminação.

Ainda, cem anos depois, o negro vive numa ilha solitária de pobreza, no meio de um oceano de prosperidade.

E, cem anos depois, o negro ainda rasteja pelas esquinas da sociedade americana, exilado em sua própria terra.

Por isso estamos aqui hoje, para exibir essa condição vergonhosa.

Em certo sentido, viemos à capital da nação americana para descontar um cheque. Quando os arquitetos da República escreveram as magníficas palavras da Constituição e da Declaração de Independência, assinavam uma nota promissória da qual todo americano seria herdeiro. Esta nota era uma promessa de que todo mundo, fosse negro ou fosse branco, teria garantia aos direitos inalienáveis da Vida, Liberdade e Felicidade. É óbvio que a América de hoje ainda não pagou essa dívida no que diz respeito aos cidadãos de cor. Em vez de honrar essa sagrada obrigação, a América deu aos negros um cheque sem fundos.

Mas nós nos recusamos a acreditar que o banco da justiça está falido. Nós nos recusamos a acreditar que não há fundos nesse país de oportunidades. Por isso viemos aqui para descontar esse cheque, que nos dará a benesse da liberdade e a segurança da justiça.

Também viemos para este lugar santificado para lembrar a América da urgência disto. Não há tempo para se engajar na luxúria do adiamento nem de tomar a droga tranqüilizante do gradualismo.

É tempo de fazer reais promessas de democracia. É tempo de deixar o vale obscuro da segregação e se encaminhar para a estrada iluminada da justiça. É tempo de erguer nossa nação da areia movediça da injustiça social para a rocha sólida da fraternidade. É tempo de tornar realidade a justiça para todos os filhos de Deus.

Seria fatal para a nação não enxergar a urgência desse momento.

Este verão sufocante do legítimo descontentamento negro não passará até que haja o revigorante outono da liberdade e da igualdade.

O ano de 1963 não é o fim, mas o começo. E aqueles que acham que o negro tem ainda de produzir vapor nas caldeiras terão um desagradável despertar quando a nação voltar à sua ordem normal. Não haverá descanso nem tranqüilidade na América até que o negro tenha garantidos os seus direitos de cidadania. Os redemoinhos da revolta continuarão a sacudir os alicerces da nação até raiar a brilhante aurora da justiça.

Mas há algo que devo dizer ao meu povo, no limiar do portal que leva ao palácio da justiça: no processo da conquista do lugar que nos pertence por direito, não devemos carregar culpas ou sentimentos de erro. Não matemos nossa sede de liberdade bebendo da taça da amargura e do ódio. Devemos sempre conduzir nossa luta no plano da dignidade e da disciplina. Não devemos permitir que nosso protesto criativo degenere para a violência física e, de novo, devemos nos erguer para a majestade de enfrentar a força física com a força da alma. Esta maravilhosa militância que domina a comunidade negra não deve nos levar à descrença em todos os brancos, porque muitos deles são nossos irmãos brancos, como podemos ver pela sua presença aqui hoje. Eles vieram para mostrar que o seu destino está unido ao nosso destino. E vieram para mostrar que sua liberdade está definitivamente ligada à nossa liberdade. Não podemos caminhar sozinhos. E, ao caminhar, nossa marcha tem de ser sempre para a frente. Não retrocederemos.

Sempre haverá aqueles que perguntarão: "Quando vocês ficarão satisfeitos?". Nunca estaremos satisfeitos enquanto os negros forem vítimas de horrores indizíveis da brutalidade policial. Nunca estaremos satisfeitos enquanto nossos corpos, fatigados da viagem, não puderem descansar nos hotéis das estradas e das cidades. Nunca estaremos satisfeitos enquanto a mobilidade dos negros estiver confinada à mudança de um gueto para outro. Nunca estaremos satisfeitos enquanto nossos filhos forem assaltados em sua identidade e roubados em sua dignidade por causa de placas que dizem "Só para brancos". Nunca estaremos satisfeitos enquanto os negros do Mississípi não puderem votar e enquanto os negros de Nova York acreditarem que não têm em que votar.

Não, não estamos e não estaremos satisfeitos até que a justiça flua como as águas do rio.

Não me esqueço de que muitos de vocês vieram aqui hoje à custa de grandes atribulações. Alguns de vocês acabaram de sair da cadeia. Alguns de vocês vieram de lugares em que a liberdade está subjugada pelas tempestades da perseguição e pelos ventos da brutalidade policial. Vocês são os veteranos do sofrimento criador. Continuem a trabalhar com a fé obtida do sofrimento redentor. Voltem para o Mississípi, voltem para o Alabama, voltem para a Carolina do Sul, voltem para a Geórgia, voltem para a Louisiana, voltem para os guetos das cidades nortistas, sabendo que de alguma forma a situação pode e vai ser mudada.

Não vamos nos perder no vale do desespero.

Digo a vocês, meus amigos, que, mesmo enfrentando as dificuldades de hoje e de amanhã, eu tenho um sonho.

É um sonho profundamente embasado no sonho americano.

Eu tenho um sonho de que um dia esta nação se erguerá e viverá o verdadeiro significado do seu credo: "Defendo esta verdade porque ela é evidente, de que todos os homens foram criados iguais".

Eu tenho um sonho de que um dia, nas colinas vermelhas da Geórgia, os filhos de antigos escravos poderão se sentar juntos à mesa da fraternidade.

Eu tenho um sonho de que, um dia, mesmo o estado do Mississípi, um estado aquecido pelo calor da injustiça, pelo suor da opressão, será transformado num oásis de liberdade e de justiça.

Eu tenho um sonho de que meus quatro filhos viverão um dia numa nação que não julga pela cor da pele, mas pelo conteúdo do caráter.

Eu tenho um sonho hoje.

Eu tenho um sonho de que, no Alabama, com seus racistas viciosos, com seu governador que deixa cair dos lábios palavras como "interposição" e "nulificação", meninos negros e meninas negras possam segurar as mãos de meninos brancos e meninas brancas como irmãos e irmãs. Eu tenho um sonho hoje.

Eu tenho um sonho de que um dia cada vale será erguido e cada colina e cada monte serão rebaixados, que os lugares pedregosos serão alisados, e que estradas tortuosas ficarão retas, e que a glória de Deus será revelada.

Esta é nossa esperança. É com esta fé que volto para o sul. É com esta fé que seremos capazes de transformar a montanha do desespero na pedra da esperança. É com esta fé que seremos capazes de transformar a desafinação de nossa nação em uma bela sinfonia de fraternidade. Com esta fé seremos capazes de trabalhar juntos, orar juntos, lutar juntos, ir juntos para a cadeia, sabendo que seremos todos livres um dia. Este será o dia em que os filhos de Deus poderão cantar com novo significado: "Meu país, doce terra da liberdade, por ti eu canto. Terra onde morreram meus pais, terra do orgulho dos colonizadores".

E, se a América deve ser uma grande nação, isto tem de ser verdade, a liberdade deve imperar. Nas colinas de New Hampshire. Nas altaneiras montanhas de Nova York e da Pensilvânia. Nos montes nevados do Colorado. Nas colinas curvilíneas da Califórnia. Nas montanhas rochosas da Geórgia. Na Montanha Lookout do Tenessee. Em cada colina do Mississípi.

De cada montanha, impere a liberdade.

E, quando isto acontecer, todos os filhos de Deus estarão juntos, de mãos dadas, brancos e negros, judeus e gentios, protestantes e católicos, cantando a velha canção negra: "Livres, afinal! Graças a Deus, estamos livres afinal!".

Capítulo 6

Guimarães Rosa, o namorado do sol

❝ Tenho horror ao efêmero", disse João Guimarães Rosa a Emir Rodriguez Monegal. Para sorte da literatura, que, com a publicação da obra, teve acentuados seus traços de universalidade.

As obras de Guimarães Rosa são reconhecidas como um marco na evolução de nossa literatura. Exploram com precisão os aspectos sonoros da fala regionalista e trazem para a literatura os valores, os hábitos e o linguajar do sertanejo e do povo do interior de Minas Gerais.

João Guimarães Rosa nasceu em 27 de junho de 1908, em Cordisburgo, Minas Gerais. Dos seis filhos de Dona Chiquitinha Guimarães Rosa e de Flordualdo Pinto Rosa, Seu Fulô, João era o primogênito.

Homem de pouco estudo, Seu Fulô trabalhava como comerciante, juiz de paz, pecuarista e, nas horas de folga, caçava onças. Trouxera uma estalagmite da gruta de Maquiné da qual foi esculpida a pia de batismo do filho.

Joãozito, como era apelidado, começou a estudar francês sozinho, aos sete anos, e, aos nove, iniciou seus estudos de holandês com o franciscano Canísio Zoetmulder, que chegara por essa época na cidade.

Joãozito gostava de ouvir as histórias e a prosa dos freqüentadores da venda do pai, apesar das repreensões de Seu Fulô. Eram vaqueiros que, enquanto bebiam e comiam, descansavam das jornadas naquela cidadezinha, antes de embarcar em trens para Belo Horizonte, Rio de

Janeiro e São Paulo.

Seu Fulô, homem de grande inteligência e memória, era dado a conversas sobre as vivências no sertão e, com isso, Joãozito ia recebendo do pai um fantástico material que continha casos, relatos, canções, versinhos, histórias sobre caçadas, aventuras, crimes. Seu Fulô parecia um verdadeiro acervo vivo da vida sertaneja e interiorana. Com certeza, nesse material tão rico e vivo estava uma fonte preciosa que, mais tarde, seria utilizada por Guimarães Rosa em suas obras.

Essa época foi comentada por ele como uma espécie de catarse:

Não gosto de falar da infância. É um tempo de coisas boas, mas sempre com pessoas grandes incomodando a gente, estragando os prazeres. Recordando o tempo de criança vejo por lá um excesso de adultos, todos eles, mesmo os mais queridos, ao modo de soldados e policiais do invasor, em pátria ocupada. Fui rancoroso e revolucionário permanente, então. Já era míope, e nem mesmo eu, ninguém sabia disso. Gostava de estudar sozinho e de brincar de geografia. Mas tempo bom de verdade só começou com a conquista de algum isolamento, com a segurança de poder fechar-me num quarto e fechar a porta. Deitar no chão e imaginar estórias, poemas, romances, botando todo mundo conhecido como personagem, misturando as melhores coisas vistas e ouvidas.

Joãozito era míope e, para poder ver melhor, era necessário apertar as pálpebras. Essa deficiência só seria corrigida por casualidade. O Doutor Juca — apelido do médico José Lourenço — visitava a família do menino quando percebeu e diagnosticou a "vista curta" de Joãozito. No momento em que Guimarães Rosa pôde ver claramente através dos óculos, seu contentamento e excitação foram intensos. Mas os óculos eram do Doutor Juca; só teve seus próprios óculos aos 9 anos, quando foi para Belo Horizonte morar com os avós.

Em uma passagem do conto "Campo Geral", da obra *Manuelzão e Miguilim*, o autor relata, através de um personagem, a emoção de poder ver o mundo claramente, emoção esta que contagia os leitores, tal a perfeição com que descreve a alegria de uma criança ao receber presente de tal monta.

Vovô Felício, nome pelo qual é conhecido Vicente Guimarães, escritor de histórias infantis e tio de Guimarães Rosa, conta em seu livro *Joãozito: Infância de João Guimarães Rosa*, que o menino costumava ler sentado no chão, com um joelho dobrado sobre o outro e o corpo inclinado, perto do livro. Enquanto lia, segurava dois pauzinhos que ia batendo nas páginas em ritmo variado — ora mais rápido, ora mais devagar — de acordo com as emoções suscitadas pela leitura.

Aos 10 anos, Guimarães Rosa, que a esta altura já tinha boas noções da língua francesa, leu seu primeiro livro neste idioma, *Les Femmes qui Amment*. Concluído o curso secundário, aos 16 anos optou por estudar medicina. Já médico, exercia a profissão pelas cidadezinhas do sertão mineiro, tomando cada vez mais contato com o povo interiorano, os animais e as plantas. Interessado por línguas estrangeiras desde pequeno, usou suas horas vagas para estudar russo e alemão por si mesmo.

Médico que dominava vários idiomas, em 1934 iniciou sua carreira diplomática, depois de ser admitido em concurso para o Ministério do Exterior. Durante a Segunda Guerra Mundial foi cônsul adjunto em Hamburgo, Alemanha, e depois na Colômbia e na França.

Seu primeiro livro, *Sagarana*, foi publicado em 1946. Consta de vários contos que iniciariam um novo estilo na literatura brasileira. Através da obra, percebe-se um amplo refinamento do regionalismo e da linguagem regional, já antes experimentado por outros escritores. Dez anos depois publica *Corpo de baile* e *Grande Sertão: Veredas*, obras que caíram na simpatia dos críticos da época e foram premiadas em 1958. Por essa época ainda exercia o cargo de embaixador.

Foi convidado a fazer parte da Academia Brasileira de Letras e tomou posse do cargo no dia 16 de novembro de 1967. Morreria três dias depois da cerimônia, no Rio de Janeiro. Seu sucessor foi Mário Palmério, também mineiro, da cidade de Monte Carmelo. Palmério era um escritor que também se dedicou às obras de cunho regionalista, produzindo, entre outras, *Vila dos Confins* e *Chapadão do Bugre*.

Guimarães Rosa não chegou a receber o prêmio Nobel de Literatura, para o qual fora indicado, no ano de sua morte, por seus editores estrangeiros.

A obra que legou se caracteriza em primeiro plano pela metalinguagem. Criava novos vocábulos à maneira dos sertanejos, com quem convivera por tanto tempo e tão intimamente. A composição dessas palavras transmite o poder da veracidade, ao mesmo tempo que poesia e significados inéditos. A linguagem criada por Guimarães Rosa apresenta a virtude de repetir o linguajar do povo do sertão, incorporando neologismos, reelaborando palavras e formas de expressão, numa reinvenção fantástica. Não se valeu da ortografia oficial, mas criou sua própria, que muitas vezes se choca com aquela. Traduz-se numa lingüística que engloba vários níveis: da semântica, da sintaxe e da fonologia. Sua obra é escrita com sons da natureza reproduzidos pela primeira vez. Há vários estudos sobre esse modo de criação do autor.

Um dos membros da Real Academia Galega, Valentim Paz-Andrade, é autor da obra *A Galeguidade na Obra de Guimarães Rosa*. Além de comentar a linguagem original do escritor, aponta nela estreitos vínculos com o linguajar galego:

> *A cepa genealógica torna-se translúcida nesses patronímicos: nuns e noutros cintila a ascendência minhotodurense do futuro escritor, especialmente em relação ao sobrenome dos Guimarães que são citados nos fólios do Nobiliário de Dom Pedro, Conde de Barcelos, filho del-rei Dom Diniz, de Portugal, e também nas notas do Marquês de Montebello, com a variante Guimaraens, ainda hoje existente na Galiza.*
>
> *Ressalte-se ainda que o nome do pai, de origem germânica — frod (prudente) e hard (forte) —, e o nome da cidade natal, o "burgo do coração" — do latim cordis, genitivo de cor, coração, mais o sufixo anglo-saxônico burgo —, por sua sonoridade, sua força sugestiva e sua origem podem desde cedo ter despertado a curiosidade do menino do interior, introvertido e calado, mas observador de tudo, estimulando-o a se preocupar com a formação das palavras e com seu*

significado. Com efeito, esses nomes de quente semântica poderiam ter sido invenção do próprio Guimarães Rosa...

Oscar Lopes, crítico português, admirou-se igualmente com as recriações do brasileiro:

As metáforas de Guimarães Rosa são tantas e tão originais que produzem um efeito poético radical: o efeito de ressaca do significado novo sobre o significado corrente. A gente lê, por exemplo, que "o sabiá veio molhar o pio no poço, que é bom ressoador", e não fica apenas com uma admirável vocação acústica; as palavras "molhar" e "poço" descongelam-se, libertam-se da sua hibernação dicionarística ou corrente, e perturbam como um reachado todavia surpreendente.

Segue o trecho de um dos livros de Guimarães Rosa que gerou tantos elogios:

Joãozinho Bem-Bem se sentia preso a Nhô Augusto por uma simpatia poderosa, e ele nesse ponto era bem-assistido, sabendo prever a viragem dos climas e conhecendo por instinto as grandes coisas. Mas Teófilo Sussuarana era bronco excessivamente bronco, e caminhou para cima de Nhô Augusto. Na sua voz:
— Epa! Nomopadrofilhospritossantamêin! Avança, cambada de filhos-da-mãe, que chegou minha vez!...
E a casa matraqueou que nem panela de assar pipocas, escurecida à fumaça dos tiros, com os cabras saltando e miando de maracujás, e Nhô Augusto gritando qual um demônio preso e pulando como dez demônios soltos.
— Ô gostosura de fim-de-mundo!...

Encontrou-se na capital mineira com Carlos Drummond de Andrade. Desse encontro nasceria uma amizade para a vida toda. Drummond, em sua homenagem, escreveu "Um Chamado João", poema cujo final é:

Ficamos sem saber o que era João
e se João existiu
de se pegar.

Guimarães Rosa, por várias vezes, tornou prosa em poesia. "O Burrinho Pedrês", conto publicado em *Sagarana*, é um exemplo. Valendo-se de um ritmo gostoso e suave, o escritor reproduz os passos do gado tocado pelos boiadeiros com cadência e som semelhantes:

As ancas balançam, e as vagas de dorsos, das vacas e touros, batendo com as caudas, mugindo no meio, na massa embolada, com atritos de couros, estralos de guampas, estrondos e baques, e o berro queixoso do gado junqueira, de chifres imensos, com muita tristeza, saudade dos campos, querência dos pastos de lá do sertão...
"Um boi preto, um boi pintado,
cada um tem sua cor.
Cada coração um jeito
de mostrar o seu amor."
Boi bem bravo, bate baixo, bota baba, boi berrando... Dança doido, dá de duro, dá de dentro, dá direito... Vai, vem, volta, vem na vara, vai não volta, vai varando...
"Todo passarinho do mato
tem seu pio diferente.
Cantiga de amor doido não carece ter rompante..."
Pouco a pouco, porém, os rostos se desempanam e os homens tomam gesto de repouso nas selas, satisfeitos. Que de trinta, trezentos ou três mil, só está quase pronta a boiada quando as alimárias se aglutinam em bicho inteiro — centopéia — mesmo prestes assim, para surpresas más.
— Tchou!... Tchou!... Eh, booôi!...
E, agora, pronta de todo está ela ficando, cá que cada vaqueiro pega o balanço de busto, sem-querer e imitativo, e que os cavalos gingam bovinamente. Devagar, mal percebido, vão sugados todos pelo rebanho trovejante — pata a pata, casco a casco, soca soca, fasta vento, rola e trota, cabisbaixos, mexe

lama, pela estrada, chifres no ar...

A boiada vai, como um navio.

Galhudos, gaiolos, estrelos, espácios, combucos, cubetos, lobunos, lompardos, caldeiros, cambraias, chamurros, churriados, corombos, cornetos, bocalvos, borralhos, chumbados, chitados, vareiros, silveiros... E os tocos da testa do mocho macheado, e as armas antigas do boi cornalão...

Remembranças de Seu Zito

Veja, a seguir, a magnífica conversa que o fotógrafo João Correia Filho teve com o vaqueiro Zito, que acompanhou Guimarães Rosa numa longa viagem pelo sertão. A entrevista foi publicada na revista *Cult* em 2001.

Da viagem que Guimarães Rosa fez pelo sertão mineiro, em maio de 1952, ficaram algumas lembranças na memória dos oito vaqueiros que acompanharam o escritor, dos quais apenas dois ainda estão vivos. Com a morte de Manuelzão, em 1997, acreditava-se que o legado da viagem havia se perdido por completo. Engano. A CULT viajou até a cidade de Três Marias, a 230 quilômetros de Belo Horizonte, e obteve o depoimento de João Henrique Ribeiro, o Seu Zito, vaqueiro que acompanhou o escritor em sua viagem por mais de 40 léguas sertão adentro. Pesquisando os arquivos de Rosa, surpreendentemente, o que se descobre é que Zito foi a grande fonte do escritor, sendo citado em suas anotações como o mais esperto dos vaqueiros que conheceu durante a viagem. Guia e cozinheiro da tropa, Zito ia à frente e era quem conversava com o escritor durante quase todo o tempo, dedicando boa parte de suas horas às indagações e dúvidas de Rosa. Todas as noites, encerrado o trabalho dos vaqueiros, Zito sentava-se à beira da fogueira e escrevia versos que narravam o que havia acontecido durante o decorrer do dia. Esses versos foram registrados nas cadernetas de viagem de Guimarães Rosa, que se encontram atualmente arquivadas no IEB (Instituto de Estudos Brasileiros da USP), em São Paulo. Aos 74 anos, morando numa casa muito simples no interior de Minas Gerais, Zito guarda com orgulho os jornais da época, os quais trazem sua foto ainda jovem ao lado do escritor. Com memória e inteligência assustadoras, Seu Zito conta alguns trechos da viagem que marcou a obra do escritor e que está repleta de muitas outras histórias.

∞

CULT: O senhor se lembra do dia em que o Rosa chegou para a viagem?

ZITO: Lembro, foi em 16 de maio de 1952. Foi aquela grande confusão. Foi muita gente ver. O povo achava que o Rosa era Cristo. Ele chegou lá uma tarde e no dia seguinte o padre chegou também. A fazenda era do primo dele, o Francisco Moreira. Eu saí da Sirga (fazenda localizada no município de Três Marias), fui em Araçaí e busquei a besta que ele tá montado na foto que saiu no jornal, que chamava Balalaica. O arreio também foi eu que busquei. Eu trouxe umas vinte rês, uma novilha e essa besta. O Rosa veio num *jeep* de lá de Araçaí. Ele veio pra Belo Horizonte, pra Sete Lagoas, lá pegaram esse *jeep* e ele veio mais um compadre de Chico Moreira. Ele chegou três dias antes de sair a boiada pra conhecer um pouco mais. Lá na Sirga mesmo, tinha um lugar em que a água ia batendo no barranco, tem até hoje esse lugar, só que fizeram uma ponte. E lá tinha um sabiá cantando e o Rosa ficou encantado. "Que qué isso São Pedro? Cadê a chuva? Que que há São Pedro?" (imita o passarinho cantando). O sabiá tava pedindo chuva, ele falava direitinho. Sabiá é aquele marronzinho. O Rosa ficou entusiasmado com aquilo. Aí nós seguimos e encontramos com uma dona, ela era muito bonitinha, era uma comadre minha, tava mais nova, vestindo uma sainha muito curtinha. E Rosa ficou olhando pro lado dela e eu falei: "Rosa, isso não é da sua conta não" (risos). Aí ele brincou, deu risada, e tudo. Tinha umas cachacinhas, mas ele não tomou não, ele não gostava. Eu tomei. Aí subimos e fomos pra casa, passando por uma capelinha. Tinha um horror de gente já arrumando ela, que ia ter que levantar o mastro da festa.

CULT: Então houve uma festa antes da saída da boiada?

ZITO: Teve sim uma festa, no outro dia. À tardinha nós fomos embora. Saímos e fomos nos gerais. É lá que falam que teve uma garrafa com biscoito. Não teve garrafa com biscoito nenhum, eu que estava com ele. Quando foi no outro dia, o padre chegou e teve a missa e ele foi à missa. Eu fiquei ocupado com a festa e não lembro com quem que ele saiu depois. Quando foi no dia seguinte teve a festa, ele dançou e gostou. Ele fazia tudo quanto há, fazia direitinho. Tinha de tudo, nós dançamos, o Rosa dançou, tinha comida, o padre era muito bom, teve missa, levantou o mastro, era procissão. Nessa época aí era um festão, era só isso que tinha.

CULT: E havia sempre essa festa?

ZITO: Essa festa começou logo que a mãe do Manuelzão morreu. Fazia todo ano, naquela casa que tinha uma cagaiteira (árvore típica do cerrado). Primeiro era só a missa. Lá onde o Manuelzão construiu a capelinha, onde tá enterrada a mãe e a primeira esposa dele. Lá tem um cruzeirão grande, foi eu que mandei fazer, com um compadre meu, o Chico Barbosa. O Rosa gostava muito dele também, que ele tocava rabeca. Tudo isso era uma coisa que ninguém pensava. Passou muito tempo sem ninguém mexer nessas histórias. Sempre lembro de muita coisa, mas às vezes esqueço de tudo. E aí quando foi no outro dia, terminou tudo. Foi no dia 19 que nós saímos pra viagem. Eu juntei o gado e fui apartar. Tem um lugar na história que fala: "na apartação do gado tinha um velho Santana". Ele tomou um coice, tinha um boi muito bravo, ele chegou o ferrão no boi e o boi deu um coice e ele caiu. Aí eu falei: "traz um pouco de vinagre com rapadura". Isso tá escrito no jornal e nos cadernos do Rosa. Ele tomou o chá e melhorou. Não tinha remédio, era tudo inventado aqui. Papaconha, cidreira... esses eram os remédios. Até hoje a gente toma, contra gripe. Tudo é por Deus, não por homem, eu, você, a moça não. É por Deus. Deus é que criou isso tudo. Aqui tem um outro remédio chamado tiú. Só acha ele na Sexta-feira da Paixão. Você pode andar o campo inteiro e você não acha não.

Na Sexta-feira ele amanhece todo cheio de folha. É uma batatinha assim ó. É um ótimo remédio pra gripe, pra dor por dentro. É o remédio que a gente tinha pra curar. Você arranca ele e faz um chá. Aqui não tem não, é só na Sirga que tem, nas veredas, e só lá que eu conheço.

CULT: Quais eram as fazendas e como foi a passagem por elas?

ZITO: Nas saída da boiada tinham dezessete vaqueiros, porque a boiada sai brava, correndo, é pra evitar uma ribada. Quando chegou perto de uma ponte, lá em cima, saindo da Sirga, voltaram oito e seguimos em nove. Saiu da Sirga mesmo. Lá era a casa do Manuelzão. Ele era funcionário do Chico Moreira. Nós que construímos tudo aquilo. De lá fomos pra Tolda, uma fazenda bonita, onde passa um riachinho dentro da cozinha. Na Tolda dormimos na casa de uma senhora chamada Iara Tancredo. Tem a casa até hoje, e onde era o quarto hoje é uma sala. Depois da Tolda, indo pra Andrequicé, tinha uma vereda. Aí o Rosa viu uns passarinhos e de brincadeira pediu pra eu dar um tiro de revólver. Isso tem no livro *Tutaméia*. Lá em Andrequicé, na casa de Pedro Mendes, ele dançou de novo. Era uma casa de assoalho velho, uma casa velha, um curral bonito e tinha uma vitrolinha de corda. O Rosa gostou muito. Depois fomos pro Catatau e eu pedi pra arrumar uma cama pra ele, e ele dormiu melhor. Era colchão de palha, tudo feito na roça, no chão. Saímos do Catatau e fomos pro Riacho das Vacas. Também ia dando cama. Depois do Catatau nós fomos no Meleiro. Lá o velho falou: "Cê vai jantar comigo". Tinha frango, nós comemos arroz, feijão, carne. Não tinha mais nada. Ah, tinha também um angu de muitos dias, descascava e comia aquilo. Mas o Rosa não quis comer não. "Se eu comer angu que mosquito passeou, barata...", ele disse. Ele até inventava muita coisa. Aí fomos pro Barreiro do Mato. Lá o Rosa dormiu dentro de uma forma de rapadura. Depois passamos na fazenda do Juvenal, na Fazenda Ventania, Riacho da Areia, que era de um paulista. O Rosa jantou bem. Lá tem até hoje o prato que o Rosa comeu. Você pede pra Dona Antonieta, mulher do Juvenal, e ela tem o prato, o garfo, a colher, tem a cama, tudo guardado. E o Rosa ficou satisfeito demais. Comeu, comeu. Juvenal tinha um filho chamado Geraldo, que mora em Mascarenhas (pequeno distrito da região de Curvelo), tava doente, de cama mesmo. E aí o Rosa falou: "Deixa eu ver ele"; e falou: "Ele tá com febre, ele tá com sarampo. Você pega umas folhas de laranja e faz um chá". O Rosa olhou no bolso da camisa, tinha um Melhoral, e deu pra ele. Tomou, em dois dias cortou a febre e o rapaz amanheceu bom. O sarampo saiu. Chá de folha de laranjeira. Isso tudo tá escrito. Aí quando saiu no outro dia eu fui na frente da fazenda de um outro primo dele, o Doutor José Saturnino, já chegando em Cordisburgo (cidade natal do escritor). Quando você passa a igrejinha do Rosário você vira à esquerda, antes da entrada que vai pra Gruta do Maquiné. Cheguei na fazenda, chamei, saiu a dona lá. Eu falei: "Tô aqui pra arrumar a pousada, que o Rosa vem aí". "Ah! Mas eu não quero, não estamos interessados, estamos com muito boi", a dona falou. Era mentira. Eles tinham medo de "afetosa". E olha só: dali ele podia ter ido pra casa do avô dele, ali pertinho, mas não quis. Tomava um banho, tudo direitinho... dormia. Mas ele não quis fazer isso não, foi embora, acompanhou a gente todo dia. Aí eu fui na frente outra vez. Cheguei numa fazenda e pedi um frango. "Frango não tem, eu tenho só uma galinha velha", disse a dona. A dona pegou pra limpar, arrumou tudo, pôs pra cozinhar, sentamos pra comer, mas tava muito duro. O Rosa tomou só o caldo. Dormimos, saímos no outro dia e chegamos num lugar que chama Toca do Urubu; tem uma pedreira de muitos metros de altura, e lá mora urubu direto. Chegando nesse lugar, encontramos com o pessoal do *Cruzeiro* (Álvares Dias e Eugênio Silva — repórter e fotógrafo, respectivamente, do jornal *O Cruzeiro* —, que registraram parte da viagem de Rosa pelo sertão). Fizeram foto minha com o berrante e tudo.

CULT: E o senhor era bom de berrante?

ZITO: Ah, eu era bom. Batia, todo mundo suspirava. Às vezes eu batia o berrante e dizia: "Eh, não suspira não que eu vou e volto".

CULT: Depois de Araçaí, o Rosa foi embora?

ZITO: Entregou a boiada em Araçaí, numa fazenda pertinho de onde hoje é a cidade. Tinha uns currais, nós tiramos mais retratos com ele no curral, eu lacei uma vaca, peguei ela e passei a corda pelo pescoço e amarrei no rabo. Fazia tudo pontuadinho, porque tinha esperteza, tinha ligeireza. Eu cantava verso, tudo direitinho. Poesia é pra ser poeta, poeta não. Deus dá o dom pra pessoa, aquele dom ninguém pode tomar. Só agora com a doença. Ia na lapa do Bom Jesus e via um livro e comprava, comprava outro e guardava. Lia e aprendia. Se eu lesse duas vezes eu já guardava. Depois, chegando em Araçaí eu fui pra casa do meu pai. Eu, o seu Manuel (Manuelzão) e o Bindóia (morto em 1998). Dormiram e noutro dia ele pegou um *jeep* com a carreta e foi embora.

CULT: O senhor era o guia da tropa. Qual a função do guia?

ZITO: O guia vai na frente, que ele sabe da distância. Ele sabe quando é descida, dá sinal pro detrás que é pro boi não correr. Se você sabe que tem um córrego, você dá sinal pra afinar o gado e ele passar na água e não sujar demais pros que vêm atrás poder tomar. O guia fica avisando o que vai acontecer. Você é motorista, quando vai fazer uma curva você já dá um sinal, só que com o gado é com a mão. E o gado acostuma. Chega numa porteira, faz um sinal e o outro já sabe que ali é uma porteira. Tudo que você faz é com a mão, tudo sem gritar. O guia vai na frente, quando o gado chega já está o pasto arrumado, o fogo tá aceso. Já vê se a cerca tá boa, se não tem buraco.

CULT: O senhor também era cozinheiro, além de guia. O guia é sempre o cozinheiro?

ZITO: Não são todas as pessoas, mas eu, durante o tempo que eu viajei com gado, em muitas boiadas eu fui cozinheiro. Eu fazia aquele entalagato. Foi o Rosa que colocou esse nome. Dizia que era comida ruim.

CULT: Então ele não gostou da comida do senhor?

ZITO: Não, aquilo era só pra fazer graça. Mas não tinha nada. Só tinha arroz, feijão e carne. Frango alguma vez. Mas sempre era carne seca, carne de jabá. Eram nove pessoas, eram nove pedaços de toucinho e nove de carne. E tinha também farinha.

CULT: E qual era o nome dos outros vaqueiros que acompanharam a viagem?

ZITO: Era o Tião Leite (ainda vivo), o Santana, o Sebastião de Jesus, o Gregório, o Manuelzão, o Bindóia, eu e o João Rosa. Tem o Aquiles também, um bom violeiro. Ah, e um rapazinho que não é falado. Ele não saiu na reportagem, era menino, mas acompanhou todos os dias, devia ter saído. Tinha uns doze anos. Falado são sempre os oito, nove com o Rosa. Nós levamos trezentos e sessenta bois. Só boi grande. Eu batia o berrante e eles seguiam.

CULT: Mas era o senhor que ia conversando com o Rosa?

ZITO: Conversei durante o tempo todo.

CULT: E sobre o que o senhor ia conversando com ele?

ZITO: Falava tudo quanto era bobagem. Inventava as coisas muito bem pra conversar com ele. Às vezes não tinha mais assunto. Falava de mulher, de moça bonita. Falei muita bobagem pro Rosa e ele escrevia tudo. Eu lia muito livro, sabia tudo de cor, mas não sei mais nada. Sabia tudo quanto é bestagem.

CULT: E o Rosa foi anotando tudo isso?

ZITO: Tudo, ele escreveu tudo. A sucupira ele anotou, era uma baita de uma árvore. Tinha a flor roxa e a flor amarelada; ele anotou qual a diferença que tem. A diferença da madeira. Tudo tá escrito na caderneta dele.

CULT: E os versos que o senhor fez? Eram feitos quando?

ZITO: Era feito durante a viagem, de noite. O que passava no dia, eu escrevia de noite.

117

CULT: Que tipo de história o Rosa gostava mais?

ZITO: Verso, ele gostava muito de verso. Mas não aprendia nada... (risos). Eu sabia tudo de cor. Ele anotava tudo. Depois que eu adoeci a memória ficou fraca e esqueci tudo. Depois que eu adoeci, esqueci quase tudo.

CULT: E como era o Rosa, seu Zito?

ZITO: Era uma pessoa excelente, brincalhão. Ele era tão simples que ele veio do Rio e não trouxe nem gilete, nem estojo. Naquele tempo não tinha "prestibarba", era estojo. Durante todos os dias ficou sem fazer a barba. Eu tinha, mas ele não falou nada e eu não levei. Até hoje a minha barba é pouca. Pra quem tirava a barba toda manhã, ficar dez dias sem tirar, né? A cara ficou vermelha. Mas ele era mesmo muito simples. E na viagem não podia chamar ele de Dr. João. Era Rosa, vaqueiro Rosa.

CULT: E ele sofreu muito durante a viagem?

ZITO: Não tinha garrafa térmica, coava café no bule, tomava ali, e copo de vidro quase não tinha e ele não trouxe. Na beira da estrada não tinha nada, você chegava assim pra comprar um frango, pra limpar, pra picar, mas precisava ter um vasilha. Ele comeu muitos dias feijão de manhã, feijão com carne seca cozida no meio e toucinho. Separava o da janta e tomava um gole de café. À tarde comia outra vez. Se ele tivesse pensado, podia ter trazido uma garrafa, deixava na garupa dele, ué. Podia ter trazido uma marmita. Também não tinha banheiro por aqui. De tarde a gente ia tomar banho no córrego. A água era longe, dormia às vezes sem tomar banho. Não tinha água, que banho todo dia não tinha jeito. Fazenda nenhuma tinha um banheiro. A comida era um pouco pesada pra ele que não tinha costume. Mas o que ele queria era aquilo...

CULT: E na hora de dormir?

ZITO: Tirava sela, lavava o cavalo, jogava ela no chão e era a cama.

Forrava ela no chão, põe o pelego, a coberta, a capoteira, você punha a roupa e virava o travesseiro. Era tudo bem arrumado.

Cult: E como o Rosa dormia, era assim?

Zito: Mesma coisa, ele deitava em qualquer lugar. Dormiu até em cima de espiga de milho. E ainda que à noite ele gemeu... "Você deita igual às galinha quando tá botando ovo", eu disse. Ele não sabia, amanheceu com um caroço na costela. Dormiu também na tábua de rapadura. Tirava os trem até dar o tamanho dele, botei capim, tudo foi eu que fiz. Chegava na casa de Dona Benedita, na casa da Dona Rita, eu pedia cama pra ele. Eu tinha entusiasmo com o povo. Não deixavam eu sair de manhã sem fazer um engrossado, que é um ovo, que você frita na água, sem gordura, põe a farinha, cebola e come. Aquele trem é forte. Comia, ficava bem o dia todo.

Cult: E o Rosa comentou alguma coisa sobre o que faria com o material da viagem, sobre o *Grande Sertão: Veredas*, por exemplo?

Zito: Aquele livro não foi escrito com o assunto dessa viagem. Aquele livro foi uma viagem que ele fez pra Fortaleza, numa saída de boiada. Foi na saída. E aquele Riobaldo foi alguém que contou pra ele e o resto ele inventou. Vou te contar uma coisa, você põe uma coisa que você acha que dá certo naquela estória, então inventa o resto. É assim que o Rosa fez. O que Rosa escreveu foi dito por nós. Ele não sabia daquilo. O Rosa saiu de Cordisburgo rapaz novo, foi fazer medicina, participou daquela revolução de 32 e abandonou a medicina pra ir pro exterior. Aí quando ele morreu, vieram outras pessoas pra confirmar onde o Rosa passou. Mas ele inventou o resto.

Cult: E a história de que o Rosa conversava com os bois?

Zito: Ele conversava com o boi mesmo. Conversava toda a tarde. Quando chegava no pouso, eu que já tinha coado café, já tinha desarreado a besta dele, o meu burro, tudo já estava arrumado. Então ele vinha e falava: "meu boizinho tá cansado, tá com a barriga vazia...".

Todo dia ele conversava, o boi era mansinho. Foi tirado retrato dele passando a mão no boi, lá no curral da fazenda. Mas eu nunca vi nenhum. Era Tarzan e Cabocla. Cabocla era uma vaca preta que eu furei o nariz dela. Ah... se o boi falasse, a gente morria. Ele só entende o nome. O boi entendia e olhava pra ele.

CULT: Ter encontrado o Rosa mudou a vida do senhor?

ZITO: Vem sempre um povo aqui pra conversar, eu converso. Mas eu não lembro muita coisa. Se for uma pessoa que eu gosto, eu lembro, se não for, eu não tô lembrado de nada. Mas eu gosto de falar do Rosa. Ele queria me levar pro Rio de Janeiro, ele dava lugar pra eu morar, ele pagava meu estudo. Mas na época eu preferi não ir, queria era ser vaqueiro.

CULT: O senhor fica orgulhoso quando alguém o procura?

ZITO: Sinto muito orgulho, é uma coisa muito bonita. Eu sinto alegria em falar das coisas do Rosa. Em maio eu vou pra Sete Lagoas e vou mandar fazer outro óculos pra mim e aí eu vou voltar a ler de novo os livros dele, do Guimarães Rosa.

Luiz Otávio Savassi Rocha, professor da faculdade de Medicina da Universidade Federal de Minas Gerais, é autor do livro *João Guimarães Rosa: sua Hora e sua Vez*. Aproveitamos aqui a sua pesquisa para relatar alguns fatos relevantes da vida do escritor.

• *Em 1929, ainda estudante, Guimarães Rosa escreveu quatro contos: "Caçador de Camurças", "Chronos kai Anagke" (em grego, "Tempo e Destino"), "O Mistério de Highmore Hall" e "Makiné", todos premiados e publicados com ilustrações pela revista* Cruzeiro, *nos anos de 1929 e 1930. Mais tarde, confessaria que escrevera pelos cem mil-réis do prêmio, friamente, sem paixão, pelos moldes alheios — era como se garimpasse em errada lavra.*

• *Com 22 anos casou-se com Lígia Cabral Penna, então com apenas 16 anos. Tiveram duas filhas: Vilma e Agnes. A união não dura muito, desfazendo-se poucos anos depois.*

• *Em 1937, em "sete meses de exaltação e deslumbramento", escreveu um volume de contos, para concorrer ao prêmio Humberto de Campos, instituído pela Livraria José Olympio Editora. Remeteu os originais à comissão julgadora (Graciliano Ramos, Marques Rebelo, Prudente de Morais Neto, Dias da Costa e Peregrino Júnior) sob o pseudônimo de Viator ("viajante", em latim). Participaram do concurso mais 57 candidatos, e Guimarães Rosa ficou em segundo lugar, perdendo por três votos contra dois para Luís Jardim, que concorria com o livro Maria Perigosa. Os contos de Viator constituiriam mais tarde o livro Sagarana.*

• *Em 1938 foi nomeado cônsul-adjunto em Hamburgo. Na Alemanha, conheceu Aracy Moebius de Carvalho, sua segunda mulher. Durante a guerra, por várias vezes escapou da morte; ao voltar para casa, uma noite, só encontrou escombros. Embora consciente dos perigos que enfrentava, com a ajuda da mulher protegeu e facilitou a fuga de judeus perseguidos pelo nazismo, concedendo vistos de saída. Em reconhecimento, o casal foi homenageado em Israel, em abril de 1985, com a mais alta distinção que os israelenses prestam a estrangeiros: o nome do casal foi dado a um bosque que fica ao longo das encostas que dão acesso a Jerusalém.*

• *Em 1942, o Brasil rompeu com a Alemanha, e Guimarães Rosa, com outros brasileiros, ficou retido por quatro meses em Baden-Baden; foram libertados em troca de diplomatas alemães. Retornando ao Brasil, após rápida passagem pelo Rio de Janeiro, seguiu para Bogotá, onde permaneceu como secretário da embaixada até 1944.*

• *De volta, retomou os originais dos contos com os quais concorrera ao prêmio Humberto de Campos e, após "cinco meses de reflexão e lucidez", refez o livro, suprimindo duas estórias. Foi publicado em 1946 pela Editora Universal com o título Sagarana, esgotando-se, no mesmo ano, duas edições.*

• *Em 1946, foi nomeado chefe-de-gabinete do ministro João Neves da Fontoura e esteve em Paris como membro da delegação à Conferência de Paz.*

• *Em novembro de 1947, publicou no Correio da Manhã a reportagem poética "Com o Vaqueiro Mariano", resultado de uma viagem ao pantanal mato-grossense que o deixou deslumbrado a ponto de considerar a região "um verdadeiro paraíso terrestre, um Éden".*

• *Em 1948, voltou para Bogotá como secretário-geral da delegação brasileira à IX Conferência Interamericana.*

• *De 1948 a 1950, ficou em Paris, como primeiro-secretário e conselheiro da embaixada. Em 1951, de volta ao Brasil, foi novamente nomeado chefe-de-gabinete de João Neves da Fontoura. Em 1953, tornou-se chefe da Divisão de Orçamento e em 1958 foi promovido a ministro de primeira classe (cargo correspondente a embaixador). Em janeiro de 1962, assumiu a chefia do Serviço de Demarcação de Fronteiras, tendo tomado parte ativa em momentosos casos como os do Pico da Neblina (1965) e o das Sete Quedas (1966).*

• *Em maio de 1963, Guimarães Rosa candidata-se pela segunda vez à Academia Brasileira de Letras (a primeira fora em 1957, quando obtivera apenas dez votos), na vaga deixada por João Neves da Fontoura. A eleição dá-se em 8 de agosto, e dessa vez é eleito por unanimidade. Mas a posse ocorreria somente quatro anos depois. Por essa ocasião, aumenta o seu conceito no exterior e seus livros começam a ser traduzidos para vários idiomas, apesar das enormes dificuldades encontradas pelos tradutores, obrigando-os a manter estreita correspondência com o autor.*

• *Em abril de 1967, esteve no México, na qualidade de representante do Brasil no Primeiro Congresso Latino-Americano de Escritores, no qual atua como vice-presidente. Na volta, é convidado a fazer parte, juntamente com Jorge Amado e Antônio Olinto, do júri do Segundo Concurso Nacional de Romance Walmap, que, pelo valor material do prêmio, é o mais importante do país. Foi premiado o livro* Jorge, um Brasileiro, *do escritor mineiro Oswaldo França Júnior.*

• *Ao tomar posse na Academia Brasileira de Letras, foi saudado pelo mineiro Afonso Arinos de Melo Franco, que pronunciou importante discurso denominado "O Verbo e o Logos". Três dias antes tinha sido lançado no Rio de Janeiro o livro* Acontecências, *da filha Vilma, que estreava como escritora. Guimarães Rosa não teve coragem de comparecer ao evento e escreveu, compungido, para a "jovem colega": "Vir eu queria, queria. Posso não. Estou apertado, tenso, comovido; urso. Meu coração já está aí, pendurado, balançan-*

do. Você, mineirinha também, me conhece um pouquinho, você sabe".

As Principais Obras de Guimarães Rosa

Antonio Candido, um dos mais respeitáveis críticos literários, escreveu, sobre *Sagarana*:

O grande êxito de Sagarana, do doutor J. Guimarães Rosa, não deixa de se prender às relações do público ledor com o problema do regionalismo e do nacionalismo literário. Há cerca de trinta anos, quando a literatura regionalista veio para a ribalta, gloriosa, avassaladora, passávamos um momento de extremo federalismo. Na intelligentzia, portanto, o patriotismo se afirmou como reação de unidade nacional. A Pátria, com pê sempre maiúsculo, latejou descompassadamente, e os escritores regionais eram procurados como afirmação nativista. Foi o tempo em que todo jovem promotor ou delegado, despachado para as cidadezinhas do interior, voltava com um volume de contos ou uma novela sertaneja, quase sempre lembrança de cenas, fatos e pessoas cujo pitoresco lhes assanhava a sensibilidade litorânea de nascimento ou educação. [...] De Bernardo Guimarães a ele, passando por Afonso Arinos, Valdomiro Silveira, Monteiro Lobato, Amadeu de Queirós, Hugo de Carvalho Ramos, assistimos a um longo movimento de tomada de consciência, através da exploração do meio humano e geográfico. É a fase do pitoresco e do narrativo, do regionalismo entre aspas, se dão licença de citar uma expressão minha em artigo recente. Fase ultrapassada, cujos produtos envelheceram rapidamente, talvez à força de copiados e dessorados pelos minores. Fase, precisamente, em que os escritores trouxeram a região até o leitor, conservando, eles próprios, atitude de sujeito e objeto. O sr. Guimarães Rosa construiu um regionalismo muito mais autêntico e duradouro, porque criou uma experiência total em que o pitoresco e o exótico são animados pela graça de um movimento interior em que se desfazem as relações de sujeito e objeto para ficar a obra de arte como integração total de experiência.

Estas são as impressões de Euryalo Cannabrava sobre *Corpo de baile*:

O autor de Corpo de baile *parece sofrer, como James Joyce, a doença do gigantismo verbal. Ele foi buscar o dialeto brabo no interior do sertão mineiro, desarticulou-o em suas partes componentes, submetendo-o a extensas manipulações lingüísticas. A frase sai pura, solta, como se viesse do fundo de sua infância livre, desembestada pelos campos gerais.*

O ritmo da prosa é curto e sincopado, com paradas bruscas e espraiamentos longos como a água rolando pelo leito dos rios. O estilo é desconvencional por excelência, não admite modelos, nem imita ninguém, abeberando-se nas fontes puras da inspiração. Freqüentemente, lendo Corpo de baile, *tem-se a impressão de que o autor reproduz lendas do nosso folclore, sem deformá-las em sua essência primitiva, tais como brotaram na mente popular.*

Grande Sertão: Veredas recebeu de Manuel Cavalcanti Proença os seguintes comentários:

Se há necessidade de classificação literária para Grande sertão: veredas, *não há dúvida que se trata de uma epopéia. Preferimos não gastar palavras com argumentação que nos levaria longe, embora com margem dadivosa para demonstrações comparativistas. Algumas anotações de natureza didática, somente para não afirmar sob palavra, podem justificar desde logo a classificação. Deixando de lado as qualidades orgânicas de unidade de ação e de interesse, comuns a qualquer obra literária, Riobaldo é um verdadeiro protagonista, até no sentido etimológico do termo, sempre o primeiro nos combates, como homem que atira bem. "Senhor atira bem, porque atira com espírito. Sempre o espírito é que acerta..." — como dizia Alemão Vupes.*

Quando saiu publicado o livro *Tutaméia: Terceiras Estórias*, Paulo Rónai interpretou:

São episódios cheios de carga explosiva, retratos que obrigam o leitor a reconstruir os dramas que moldaram os traços dos originais, romances em potencial comprimidos ao máximo. Fiel ainda desta vez ao cenário das obras anteriores, isto é, aos de sua infância, Guimarães Rosa faz caber neles a angústia existencial dos personagens e a sua própria. É naquele ambiente de agreste e dramática beleza que o inexistente entremostra a sua vontade de encarnar-se, que aquilo que não é passa a influir no que é, que o que poderia ter sido modifica o sentido do que houve. Isso num estilo que tira dos processos da fala sertaneja, propensa ao lacônico e ao sibilino, ao pedante e ao sentencioso, ao subentendido e ao elíptico, ao enfático e ao colorido; que vai buscar seu léxico num enorme estoque de regionalismos, arcaísmos, latinismos, plebeísmos e brasileirismos, completando-o por criações de cunho individualíssimo; e que se inova, sobretudo, por ousadias sintáticas e capazes de sugerir o que não é dito num jogo de anacolutos, reticências e omissões.

"A gente morre só pra provar que viveu", costumava dizer Guimarães Rosa. Algumas provas dessa existência, como objetos pessoais, estão guardadas no Museu Guimarães Rosa, em Cordisburgo, cidade em que nasceu.

Vamos terminar esta história como o próprio Guimarães Rosa a terminaria. E utilizaremos suas próprias palavras para essa tarefa:

O céu vem abaixando. Narrei ao senhor.
No que narrei, o senhor até ache mais do que eu, a minha verdade.
Fim que foi.
Aqui a estória se acabou.
Aqui, a estória acabada.
Aqui a estória acaba.

"O mundo é mágico. As pessoas não morrem, ficam encantadas."

Capítulo 7

Fernando Pessoa, o sol da poesia

Fernando Pessoa foi um e foi muitos. Foi Pessoa e foi pessoas. Sem dúvida, um dos escritores mais importantes do Ocidente contemporâneo, embora tenha sido reconhecido somente depois da morte (a maior parte de suas obras permaneceu inédita por muitos anos). Português de Lisboa, nascido às três da tarde do dia de Santo Antônio (13 de junho) de 1888, estudou no exterior até os 17 anos, e esse período foi decisivo para a consolidação da sua personalidade básica de poeta. Viveu apenas 53 anos (morreu em 30 de novembro de 1935, de complicações do fígado), mas produziu intensamente. Mais do que viver para criar, ele criou para viver, tal foi o seu grau de entrega ao fazer poético. "Viver não é necessário; o que é necessário é criar." Esta frase, paródia da frase de Camões sobre o povo português — "Navegar é preciso, viver não é preciso" —, é uma verdadeira chave para a leitura da enorme produção de Fernando Pessoa. Um poeta que alterou definitivamente o panorama da poesia ocidental do século XX.

A poesia de Fernando Pessoa produziu frases que ainda hoje freqüentam as conversas ao redor do mundo de língua portuguesa. Muita gente as repete sem nem sequer saber quem é o autor. Algumas dessas frases:

"O poeta é um fingidor."

Autopsicografia

O poeta é um fingidor.
Finge tão completamente
Que chega a fingir que é dor
A dor que deveras sente.

E os que lêem o que escreve,
Na dor lida sentem bem,
Não as duas que ele teve,

Mas só a que ele não tem.
E assim nas calhas de roda
Gira, a entreter a razão,
Esse comboio de corda
Que se chama o coração.

"Tudo vale a pena, se a alma não é pequena."

Mar português

Ó mar salgado, quanto do teu sal
São lágrimas de Portugal!
Por te cruzarmos, quantas mães choraram,
Quantos filhos em vão rezaram!
Quantas noivas ficaram por casar
Para que fosses nosso, ó mar!

Valeu a pena? Tudo vale a pena
Se a alma não é pequena.
Quem quer passar além do Bojador
Tem que passar além da dor.
Deus ao mar o perigo e o abismo deu,

Mas nele é que espelhou o céu.

Filho de Joaquim de Seabra Pessoa e de Maria Madalena Pinheiro Nogueira Pessoa, nasceu em Lisboa, Portugal, Fernando Antônio Nogueira Pessoa. Seu pai morreu quando ele tinha apenas 5 anos e sua mãe casou-se novamente, por procuração, com o cônsul interino em Durban, África do Sul, João Miguel Rosa. Assim, aos 8 anos, vai com a família morar naquela cidade. Nas escolas africanas, recebeu educação inglesa. Iniciou curso universitário na Universidade do Cabo, em 1903, mas não o concluiu. Dois anos depois retornou sozinho à terra natal a bordo do navio alemão *Herzog*, sob os cuidados de um oficial alemão, e foi viver com a avó e as tias em Lisboa, cidade onde se fixou em definitivo. Ingressou no Curso Superior de Letras de Lisboa, onde passou a dedicar-se seriamente à literatura.

É aceito no jornal *Comércio* como "correspondente estrangeiro" em 1908 e passa a traduzir as cartas comerciais dos clientes de outros países. Nesse emprego, permaneceria até a morte. Prestou um concurso em 1932 para exercer o cargo de conservador-bibliográfico no Museu-Biblioteca do Conde de Castro Guimarães, em Cascais, mas não foi aceito.

Em 1911, começa a traduzir do inglês para o português uma antologia de autores universais, a pedido de seu organizador, um inglês recém-chegado a Lisboa. Inventou o *Anuário Indicador Sintético, por Nomes e Outras Quaisquer Classificações, Consultável em Qualquer Língua* e, em 1926, requereu a patente.

Fernando Pessoa havia escrito artigos e estudos polêmicos para a revista *A Águia*, da Editora Renascença Portuguesa, até que, em 1915, abandona-a para criar a revista *Orpheu*, com a colaboração de outros escritores jovens, idealistas e apaixonados. Queriam claramente iniciar uma nova geração de escritores portugueses. *Orpheu*, que teve apenas dois números publicados, marcou o início do modernismo português.

No ano seguinte, seu amigo, também fundador da revista *Orpheu*, Mário de Sá-Carneiro, suicida-se, tendo antes enviado a Fernando

Pessoa um bilhete declarando tal intenção. Desolado com a perda do companheiro, o escritor passa a embriagar-se mais e mais. Por alguns anos, sua atividade literária diminui: são dessa época as obras *Antinous e 35 Sonnets*, e alguns ensaios e poesias publicados nas revistas da época.

Dirigiu, com Ruy Vaz, a revista *Athena* (1924-1925), que teve apenas cinco números por falta de alcance do público. Através da revista, propunha novamente uma visão revolucionária, dessa vez o renascimento de um mundo não-cristão, bucólico. Pouco depois perde a mãe e, no ano seguinte, publica na revista *Contemporânea* a poesia "O Menino e sua Mãe".

Surge, em 1929, o primeiro estudo crítico sobre a personalidade de Fernando Pessoa, no livro *Temas*, de João Gaspar Simões.

Pessoa sofreu uma crise intensa de neurastenia um ano antes da publicação da obra *Mensagem*, em 1934. O livro concorreu ao prêmio Antero de Quental, do Secretariado de Propaganda Nacional. Mais uma vez, incompreendido pela sua época, recebe um prêmio de "segunda categoria".

No ano seguinte, Fernando Pessoa morreu no hospital São Luís dos Franceses, um dia depois de ser internado com cólica hepática. Sempre inquieto e desconfortável com sua poesia, o "indisciplinador de almas", como o chamava Jorge Sena, deixou naquele dia sua última frase, escrita em inglês: *I know not what tomorrow will bring* (eu não sei o que o amanhã trará). Era o dia 30 de novembro de 1935.

Para ser grande, sê inteiro: nada
Teu exagera ou exclui.
Sê todo em cada coisa. Põe quanto és
No mínimo que fazes.
Assim em cada lago a lua toda
Brilha, porque alta vive.

(Ricardo Reis)

Fernando Pessoa escreveu sua primeira quadra, "À minha querida mamã", aos 7 anos. Durante sua permanência por dez anos nas escolas inglesas da África do Sul recebeu vários prêmios, um deles por suas habilidades em francês, aos 12 anos, e um outro, o Prêmio Rainha Vitória, por um ensaio escrito em inglês, prova para o ingresso na Universidade do Cabo. Não tinha, assim, como escapar dos costumes e cultura britânicos e fez do inglês sua segunda língua. Leu obras de Milton, Byron, Shelley, Keats, Tennyson e Poe e escrevia poesia e prosa em inglês.

Em Lisboa, aos 17 anos, continua a alimentar-se de literatura nos dois anos em que aprofundou seus conhecimentos em Shakespeare, Schopenhauer e Nietzsche no Curso Superior de Letras. Abandonou o estabelecimento pela eclosão de uma greve estudantil em virtude de medidas tomadas pelo corpo docente, com as quais não concordava.

Faz algumas incursões na filosofia e na estética, produzindo textos publicados sob o título *A Nova Poesia Portuguesa Sociologicamente Considerada*, na revista *A Águia*, em 1912. No ano seguinte, escreve a poesia "Pauis", mas foi em inglês, sua segunda língua, que publicou, em 1918, as obras poéticas *Antinous e 35 Sonnets*, comentadas em notas críticas no suplemento literário do *Times*, de Londres.

Fernando Pessoa, versátil, nesse mesmo ano escreve os dramas *O Marinheiro* e *Na Floresta do Alheamento*. Ainda parecia estar procurando, entre todos, o gênero em que mais poderia soltar sua alma inquieta, como símbolo de uma geração. Buscava em todas as fontes a erudição.

Viveu na época das duas guerras mundiais (a primeira, de 1914 a 1918, e a segunda, de 1939 a 1945), participando de uma era em que as pessoas de todo o mundo questionavam a política, a sociedade e a filosofia, à procura de novos significados, novos caminhos, novas formas de expressão. Surgiam o cubismo, o expressionismo, o futurismo e o dadaísmo; havia por todo lado sede de originalidade. Esse início de século gerou, junto com Fernando Pessoa, outros talentos no cenário artístico universal, como Picasso, Kafka, Stravinsky e Joyce, entre outros. O Brasil também foi sensível às novas mudanças e tendências, raízes do movimento modernista.

Nesse universo de exaltação e ousadia, a intelectualidade fervilhava. Lisboa reunia, em seus cafés, a juventude que explodia em busca do novo. Fernando Pessoa freqüentava essa atmosfera, de sonho comum, da baixa cidade de Lisboa, como um freguês modesto, sem posses, fazendo parcas refeições em restaurantes baratos. Escolheu viver à margem oposta da sua família abastada, com a qual tinha relações formais e aristocráticas. Era consciente de sua vocação e preferia sua vida sem grandes brilhos ou grandes misérias, dentro da poesia. Seu comportamento imprevisível — podia ser tanto reservado quanto explosivo — era temperado com um humor irônico e defensivo com traços de desilusão. Pode-se perceber seus sentimentos através da carta que escreveu a um amigo em 1914:

Sei bem a pouca simpatia que o meu trabalho propriamente literário obtém da maioria daqueles meus amigos e conhecidos, cuja orientação de espírito é lusitanista ou saudosista; e, mesmo que não o soubesse por eles mo dizerem ou sem querer-mo deixarem perceber, eu a priori saberia isso, porque a mera análise comparada dos estados psíquicos que produzem, uns o saudosismo e o lusitanismo, outros obra literária no gênero da minha, e da (por exemplo) do Mário de Sá-Carneiro, me dá como radical e inevitável a incompatibilidade de aqueles para com estes. Não veja o meu caro amigo aqui a mínima sombra de despeito ou, propriamente, desapontamento; o fato, que acima lhe citei, de que eu de antemão posso calcular o efeito do que escrevo sobre este ou aquele indivíduo, dado que ele me tenha levantado o véu de sobre a sua orientação ou predileção literária, não me deixa ter sobre o assunto ilusões que eu tenha que perder.

Sua fase irônica mostra-se bem caracterizada na nota que escreveu sobre si mesmo, meses antes de sua morte, editada em parte no ano de 1940 pela Editorial do Império, como introdução ao poema "À Memória do Presidente-Rei Sidónio":

Nome completo: Fernando António Nogueira Pessoa.

Idade e naturalidade: Nasceu em Lisboa, freguesia dos Mártires, no prédio n. 4 do Largo de S. Carlos (hoje do Directório), em 13 de Junho de 1888.

Filiação: Filho legítimo de Joaquim Seabra Pessoa e de D. Maria Madalena Pinheiro Nogueira. Neto paterno do General Joaquim António de Araújo Pessoa, combatente das campanhas liberais, e de D. Dionísia Seabra; neto materno do Conselheiro Luís António Nogueira, jurisconsulto, e que foi director-geral do Ministério do Reino, e de D. Madalena Xavier Pinheiro. Ascendência geral — misto de fidalgos e de judeus.

Profissão: A designação mais própria será "tradutor", a mais exacta a de "correspondente estrangeiro em casas comerciais". O ser poeta e escritor não constitui profissão, mas vocação.

Funções sociais que tem desempenhado: Se por isso se entende cargos públicos, ou funções de destaque, nenhumas.

Obras que tem publicado: A obra está essencialmente dispersa, por enquanto, por várias revistas e publicações ocasionais. O que, de livros ou folhetos, considera como válido, é o seguinte: "35 Sonnets" (em inglês), 1918; "English Poems I-II" e "English Poems III" (em inglês também), 1922, e o livro "Mensagem", 1934, premiado pelo Secretariado de Propaganda Nacional, na categoria "Poema".

Educação: Em virtude de, falecido seu pai em 1893, sua mãe ter casado, em 1895, em segundas núpcias, com o Comandante João Miguel Rosa, Cônsul de Portugal em Durban, Natal, foi ali educado. Ganhou o prémio Raínha Vitória de estilo inglês na Universidade do Cabo da Boa Esperança em 1903, no exame de admissão, aos 15 anos.

Ideologia política: Considera que o sistema monárquico seria o mais próprio para uma nação organicamente imperial como é Inglaterra. Considera, ao mesmo tempo, a Monarquia completamente inviável em Portugal. Por isso, a haver um plebiscito entre regimes votaria, embora com pena, pela República. Conservador do estilo inglês, isto é, liberal dentro do conservantismo, e absolutamente anti-reaccionário.

Posição iniciática:

Posição patriótica: Partidário de um nacionalismo místico, de onde seja abolidato da infiltração católica-romana, criando-se, se possível for, um sebastianismo novo, que a substitua espiritualmente, se é que no catolicismo português houve alguma vez espiritualidade. Nacionalista que se guia por este lema: "Tudo pela Humanidade; nada contra a Nação."

Posição social: Anticomunista e anti-socialista. O mais deduz-se do que vai dito acima.

Resumo destas últimas considerações: Ter sempre na memória o mártir Jacques de Molay, Grão-Mestre dos Templários, e combater, sempre e em toda a parte, os seus três assassinos — a Ignorância, o Fanatismo e a Tirania.

Lisboa, 30 de Março de 1933

Em 1930, Fernando Pessoa teve um encontro com um mago inglês recém-chegado a Lisboa, com quem já trocava cartas e que desapareceu em circunstâncias misteriosas. Entre os membros do modernismo português, corria o misticismo e a prática do ocultismo. Sebastianistas fervorosos apresentavam estados mentais por vezes alterados.

O escritor dizia-se médium, astrólogo e numerólogo praticante, fazendo horóscopos tanto de pessoas próximas quanto de políticos e personagens históricos e até de seus heterônimos. Fernando Pessoa mergulhou no ocultismo após a morte do seu amigo Mário de Sá-Carneiro, vítima de suicídio. Houve amigos que puseram em dúvida a autenticidade da capacidade mediúnica do escritor. Ele mesmo dizia:

O poeta é um fingidor
Finge tão completamente
Que chega a sentir que é dor
A dor que deveras sente.

Segundo vários biógrafos, Fernando Pessoa nunca tivera uma relação carnal em toda a sua vida; sofria problemas de impotência, dizem alguns.

Seria doce amar, cingir a mim,
Um corpo de mulher, mas fixo e grave
E feito em tudo transcendentalmente,
O pensamento impede-me...

Fernando Pessoa conheceu, em 1920, Ofélia Queirós, que trabalhava no escritório Félix Valladas e Freitas Ltda. Interessou-se por ela e iniciou um contato mandando-lhe as suas *Cartas de Amor*. Despertou com isso o interesse de Ofélia, que aceitou seu pedido de noivado. Mas Fernando pouco tinha para si em termos materiais. Era pobre e contraíra muitas dívidas.

Mas estava apaixonado por Ofélia, tinha grande vontade de sempre estar junto a ela. Reservado, tímido, excêntrico, terno e sensível, encantou a moça. Fernando pouco falava de sua vida íntima, trazia a dor da perda de Mário de Sá-Carneiro, seu grande amigo.

Não chegaram a se casar. No fim do noivado, ele se mostrava nervoso, obcecado e dizia a Ofélia temer não ser o homem ideal, capaz de dar-lhe felicidade, pois ocupava-se por demais das suas obras. Assim, ao final de dez anos, rompe-se o noivado.

Fernando jamais deixaria de beber, cada vez mais sozinho e angustiado.

Ser poeta não é uma ambição minha.
É a minha maneira de estar sozinho.

Heterônimos

Pessoa tinha uma grande capacidade de empatia. Baseou-se nisso para criar vários heterônimos (Alberto Caeiro, Álvaro de Campos, Ricardo Reis, Bernardo Soares e outros, de menor vulto), assinando as suas obras de acordo com a personalidade de cada heterônimo.

Consta que sua forte tendência ao anonimato fez com que escrevesse sob por volta de 72 heterônimos.

Um dos estudiosos da vida do escritor, Léo Schlafman, escreveu sobre Fernando Pessoa em *A Verdade e a Mentira, Ensaios*: "Em vida, Fernando Pessoa falhou em tudo: carreira, amores, relações sociais, obra. Pelo critério habitual, era um frustrado".

Se, depois de eu morrer, quiserem escrever a minha biografia,
Não há nada mais simples.
Tem só duas datas — a da minha nascença e a da minha morte.
Entre uma e outra coisa todos os dias são meus.

O próprio Fernando Pessoa interpretou as particularidades de seus heterônimos:

Criei, então, uma coterie inexistente. Fixei aquilo tudo em moldes de realidade. Guardei as influências, conheci as amizades, ouvi, dentro de mim, as discussões e as divergências de critérios, e em tudo isso me parece que fui eu, criador de tudo, o menos que ali houve. Parece que tudo se passou inde-pendentemente de mim. E parece que assim ainda se passa. Se algum dia eu puder publicar a discussão entre Ricardo Reis e Álvaro de Campos, verá como eles são diferentes, e como eu não sou nada na matéria.
Alberto Caieiro nasceu em Lisboa, mas viveu quase toda sua vida no campo. Não teve profissão, nem educação quase alguma, só instrução primária; morreram-lhe cedo o pai e a mãe, e deixou-se ficar em casa, vivendo de uns pequenos rendimentos. Vivia com uma tia velha, tia-avó. Morreu tuberculoso.

A biografia que Pessoa criou para Alberto Caieiro é vista como a que mais traduz sua maneira de escrever, com naturalidade e simplici-dade. Estes textos são dotados de lógica, racionalismo e ateísmo. O poema que mais representa Alberto Caieiro é "O Guardador de Rebanhos":

Passou a diligência pela estrada, e foi-se;
E a estrada não ficou mais bela, nem sequer mais feia.

Assim é a ação humana pelo mundo fora.
Nada tiramos e nada pomos; passamos e esquecemos;
E o sol é sempre pontual todos os dias.

"Ricardo Reis nasceu no Porto. Educado em colégio de jesuítas, é médico e vive no Brasil desde 1919, pois expatriou-se por ser monárquico. É latinista por educação alheia e um semi-helenista por educação própria. Neoclássico, busca o equilíbrio tão prezado pelos poetas do século XVIII e insiste nos clichês árcades do *locus amoenus* e do *carpe diem*."

Ricardo Reis tinha em Alberto Caieiro seu mestre e escrevia à moda dos clássicos. Cria textos mais elaborados e equilibrados. Vale-se de um repertório erudito de palavras, usa métrica nos poemas e a sintaxe é mais complexa. Escreve odes, poemas líricos cantados pelos gregos, com fundo musical de flauta, e as estrofes que compôs são variáveis; a "Ode a Píndaro" é um exemplo:

Acima da verdade estão os deuses.
A nossa ciência é uma falhada cópia
Da certeza com que eles
Sabem que há o Universo.

Tudo é tudo, e mais alto estão os deuses,
Não pertence à ciência conhecê-los,
Mas adorar devemos
Seus vultos como às flores,

Porque visíveis à nossa alta vista,
São tão reais como reais as flores
E no seu calmo Olimpo
São outra Natureza.

"Álvaro de Campos nasceu em Tavira, teve uma educação vulgar de Liceu; depois foi mandado para a Escócia estudar Engenharia, primeiro mecânica e depois naval. Fez uma viagem de férias ao Oriente de onde resultou o *Opiário*. Agora está aqui em Lisboa em inatividade."

Álvaro de Campos também teve como mestre Alberto Caieiro. Inicialmente simbolista, abraça depois o futurismo e, por fim, desiludido, passa a compor obras de cunho pessimista. Um dos seus textos de vulto é o "Poema em Linha Reta":

Nunca conheci quem tivesse levado porrada.
Todos os meus conhecidos têm sido campeões em tudo.
E eu, tantas vezes reles, tantas vezes porco, tantas vezes vil,

Eu tantas vezes irrespondivelmente parasita,
Indesculpavelmente sujo,
Eu, que tantas vezes não tenho tido paciência para tomar banho,
Eu, que tantas vezes tenho sido ridículo, absurdo,
Que tenho enrolado os pés publicamente nos tapetes das etiquetas,
Que tenho sido grotesco, mesquinho, submisso e arrogante,
Que tenho sofrido enxovalhos e calado,
Que quando não tenho calado, tenho sido mais ridículo ainda;
Eu, que tenho sido cômico às criadas de hotel,
Eu, que tenho sentido o piscar de olhos dos moços de fretes,
Eu, que tenho feito vergonhas financeiras, pedido emprestado
           [sem pagar,
Eu, que, quando a hora do soco surgiu, me tenho agachado
Para fora da possibilidade do soco;
Eu, que tenho sofrido a angústia das pequenas coisas ridículas,
Eu verifico que não tenho par nisto tudo neste mundo.

Toda a gente que eu conheço e que fala comigo
Nunca teve um ato ridículo, nunca sofreu enxovalho,
Nunca foi senão príncipe — todos eles príncipes — na vida...

Quem me dera ouvir de alguém a voz humana

Que confessasse não um pecado, mas uma infâmia;
Que contasse, não uma violência, mas uma cobardia!
Não, são todos o Ideal, se os oiço e me falam.
Quem há neste largo mundo que me confesse que uma vez foi vil?
Ó príncipes, meus irmãos,

Arre, estou farto de semideuses!
Onde é que há gente no mundo?

Então sou só eu que é vil e errôneo nesta terra?
Poderão as mulheres não os terem amado,
Podem ter sido traídos — mas ridículos nunca!
E eu, que tenho sido ridículo sem ter sido traído,
Como posso falar com meus superiores sem titubear?
Eu, que tenho sido vil, literalmente vil,
Vil no sentido mesquinho e infame da vileza.

Diz o próprio Fernando Pessoa:
"Nos autores das *Ficções de interlúdio* (Caieiro, Reis e Campos) não são só as idéias e os sentimentos que se distinguem dos meus: a mesma técnica da composição, o mesmo estilo, é diferente do meu. Aí cada personagem é criada integralmente diferente, e não apenas diferentemente pensada. Bernardo Soares é um semi-heterônimo porque, não sendo a personalidade a minha, é, não diferente da minha, mas uma simples mutilação dela. Sou eu menos o raciocínio e a afetividade. Bernardo Soares aparece sempre que estou cansado ou sonolento".

Exemplificando tal multiplicidade, seguem-se textos do próprio autor: Quanto ao exercício da pluralidade que vivia interiormente:

Sê plural como o universo!
Em geral, pelo hábito que tenho de, desdobrando-me, seguir ao mesmo tempo duas, diversas operações mentais, eu, ao passo que me vou adaptando em excesso e lucidez ao sentir deles, vou analisando em mim o desconhecido

estado de alma deles, fazendo a análise puramente objetiva do que eles são e pensam. E no meio disto tudo a sua fisionomia, o seu traje, os seus gestos, não me escapam. Vivo ao mesmo tempo os seus sonhos, a alma do instinto e o corpo e atitudes deles. Numa grande dispersão unificada, ubiquito-me neles e eu crio e sou, a cada momento da conversa, uma multidão de seres, conscientes e inconscientes, analisados e analíticos, que se reúnem em leque aberto. Criei em mim várias personalidades. Crio personalidades constantemente. Cada sonho meu é imediatamente, logo ao aparecer sonhado, encarnado numa outra pessoa, que passa a sonhá-lo, e eu não. Para criar, destruí-me; tanto me exteriorizei dentro de mim, que dentro de mim não existo senão exteriormente. Sou a cena viva onde passam vários atores representando várias peças. Sinto-me múltiplo. Sou como um quarto com inúmeros espelhos fantásticos que torcem para reflexões falsas uma única anterior realidade que não está em nenhuma e está em todas.

Quanto à multiforme vida dos portugueses:

Sendo nós portugueses, convém saber o que é que somos. O bom português é várias pessoas. Nunca me sinto tão portuguesmente eu como quando me sinto diferente de mim — Alberto Caieiro, Ricardo Reis, Álvaro de Campos, Fernando Pessoa, e quantos mais haja havidos ou por haver.

Quanto a ser ele próprio a literatura que escrevia:

Com uma tal falta de literatura, como há hoje, que pode um homem de gênio fazer senão converter-se, ele só, em uma literatura? Com uma tal falta de gente coexistível, como há hoje, que pode um homem de sensibilidade fazer senão inventar os seus amigos, ou quando menos, os seus companheiros de espírito?

Quanto à expressão das peculiaridades trágicas da sua poesia:

O ponto central da minha personalidade como artista é que sou um poeta dramático; tenho continuamente, em tudo quanto escrevo, a exaltação íntima do poeta e a despersonalização do dramaturgo. Vôo outro — eis tudo.

Adolfo Casais Monteiro disse que a obra de Fernando Pessoa denota uma intemporalidade quase total, sem passado ou futuro, mas que consiste apenas no viver o verdadeiro momento, como ocorre com outras personalidades artísticas. Não há possibilidade de colocá-lo no tempo durante a leitura do texto. O poeta se dilui e se transmuta na própria poesia, imóvel.

Carlos Queirós publicou, na edição número 48 da revista *Presença*, de julho de 1936, a "Carta à Memória de Fernando Pessoa":

Meu querido Fernando:

Imagina você a falta que nos faz? Ainda há poucos dias, numa rua onde parámos a falar de si, o Almada me disse: O Fernando faz muita, muita falta! Na mágoa deste desabafo, pareceu-me reconhecer a mesma inconfessada sensação que a sua ausência, algumas vezes, me dá: a de ter feito uma partida que os seus amigos não mereciam. Quase apetece acusá-lo, gritar à sua memória: Você não tinha o direito de nos deixar tão cedo!

Mas o seu mestre Caieiro é quem tinha razão:

"Passa a árvore e fica dispersa pela Natureza.
Murcha a flor e o seu pó dura sempre.
Corre o rio e entra no mar
e a sua água é sempre a que foi sua.
Passo e fico, como o Universo."

Na verdade, a fixação da nossa presença física, seja em que forma for, é o que tem menos importância; e vem daí, por certo, o enorme esforço que tenho de fazer para recordar a sua. Não sei que névoa me afasta da próxima realidade dela. É uma imagem embaciada, talvez pela comovida lembrança da sua delicadíssima discrição. O Fernando passou por aqui em bicos de pés, coerente com o conselho dado às companheiras por uma das veladoras do seu Marinheiro: "Não rocemos pela vida nem a orla das nossas vestes".

Em nada do que você usava se reflectia a fútil premeditação de exibicionismo. No entanto, toda a sua vulgaríssima indumentária, desde o chapéu aos sapatos, era, não sei porquê, espantosamente diversa da de toda a gente. Sei lá que tinha? Uma expressão inconfundível, um jeito especialíssimo, dado por si, sem querer.

Os seus gestos nervosos, mas plásticos e cheios de correcção, acompanhavam sempre o ritmo do monólogo, como a quererem rimar com todas as palavras. De quando em quando, pequenos risos (risinhos, é que diz bem), de criança triste a quem fazem cócegas, vinham festejar, alegremente, as descobertas do espírito — suas ou alheias, porque o Fernando não sabia reprimir o prazer que lhe causava a graça ou a simples alegria dos seus amigos.

A sua ironia, também de qualidade sui generis, era aguda, intencional, oportuna, mas sempre delicada e transparente, sem crueldades felinas. Nunca ouvi ninguém queixar-se de ter sido atingido por ela, nem assisti a que fizesse, na susceptibilidade de quem quer que fosse, a mais leve arranhadura. Era como aqueles gatos de boa raça que metem as unhas para dentro, quando brincam...

No acaso dos diálogos — aos quais nunca impunha, ditatorialmente, a direcção do seu espírito —, esperava que coubesse aos outros a sua vez de falarem para os escutar com atenção. Porém, no seu olhar, lia-se qualquer coisa parecida com o receio de que o supusessem perscrutador.

O seu discreto temperamento ajudava-nos pouco o desejo de lhe fazermos qualquer pergunta mais familiar, mais íntima. Como inquirir-lhe da saúde, sem ter medo de magoá-lo em qualquer parte da alma? Era difícil, sabe? Quanto mais perguntar-lhe: Que faz esta noite? Aparece amanhã? Chegava a ter a impressão de devassar-lhe a intimidade, quando o encontrava, às vezes, na rua...

Quando ia só, ou como se o fosse, apesar de não ser o que se chama, em linguagem doméstica, um abstracto ou distraído (pois a sua atenção, por mais repartida que estivesse, era sempre suficiente para apreender o que se passava à sua volta), costumava aflorar aos seus lábios estreitos o sorriso de quem lê uma carta confidencial, amiga e interessante.

Nada em si afastava quem o procurasse; antes pelo contrário — a não ser, a alguns dos mais orgulhosos ou tímidos dos seus amigos, a certeza de que você *era incapaz, sem fortes razões justificadas, de procurar fosse quem fosse.*

O seu sentimento de intimidade não era fruto de egoísmo nem de vulgar misantropia: era-o, sim, do profundo respeito que o Fernando tinha por si próprio e pelo que nos outros estimava que também fosse respeitável. Daí, a impossibilidade de abrir à curiosidade dos seus mais assíduos companheiros uma fresta por onde pudessem espreitar a sua vida sentimental:

"Não há quem saiba se eu gosto de ti ou não porque eu não fiz de ninguém confidente sobre o assunto." Esta frase, cujas palavras sublinhadas o foram por si, é de uma das primeiras cartas que o Fernando dirigiu àquela a quem escreveu nove anos mais tarde: "... Se casar, não casarei senão consigo. Resta saber se o casamento, o lar (ou o que quer que lhe queiram chamar) são coisas que se coadunem com a minha vida de pensamento".

As suas cartas de amor! Porque você amou, Fernando, deixe-me dizê-lo a toda a gente. Amou e — o que é extraordinário — como se não fosse poeta. Na evidente espontaneidade dessas cartas, que o Destino quis pôr nas minhas mãos, não se encontra um vestígio de premeditação formal, de voluntária intelectualidade.

Que admirável exemplo de humana integração no organismo da Vida! Lê-se qualquer delas — escolhida, ao acaso, entre as dezenas que a totalidade constitui — e logo nos ocorre esta pergunta, forrada de espanto: Como teria sido possível ao mais poeta dos homens e ao mais intelectual dos poetas portugueses (e, aqui, a palavra portugueses tem uma importância muito especial) libertar a tal ponto o coração da literatura?! [...]

Boa noite, Fernando. Não preciso dizer-lhe que sinto, nem por que sinto saudades suas. Mas não lhe peço que volte. Que temos aqui, que possa interessá-lo ou, o que é mais triste, merecê-lo? Não temos nada, bem sabe, de que você não conheça já melhor do que nós, o vazio sem fundo, a mentira sem remédio, a trágica inutilidade...

Entrevista fictícia com Fernando Pessoa

Este texto propõe uma releitura da obra de Fernando Pessoa a partir de perguntas fictícias. As "respostas" reproduzem trechos da obra do escritor:

— *Pergunta: Fale-nos sobre o que pensa de si mesmo.*

— *Fernando Pessoa: Eu vejo-me e estou sem mim. Conheço-me e não sou eu. Minha alma é uma lâmpada que se apagou e ainda está quente. O paradoxo não é meu: sou eu. A sinceridade emocional não deve entrar na poesia. Esta deve contar com a sinceridade artística. Os sentimentos devem ser imaginados e não sentidos. A intuição é a inteligência da emoção.*

— *Pergunta: Sobre o que mais escreveria em sua vida?*

— *Fernando Pessoa: Se um dia pudesse adquirir um rasgo tão grande de expressão, que concentrasse toda a arte em mim, escreveria uma apoteose do sono. Não sei de prazer maior, em toda a minha vida, que poder dormir. O apagamento integral da vida e da alma, o afastamento completo de tudo quanto é seres e gente, a noite sem memória nem ilusão, o não ter passado nem futuro.*

— *Pergunta: Como pensa que os outros o vêem?*

— *Fernando Pessoa: Suponho que seja o que chamam um decadente, que haja em mim, como definição externa do meu espírito, essas lucilações tristes de uma estranheza postiça que incorporam em palavras inesperadas uma alma ansiosa e malabar. Sinto que sou assim e que sou absurdo.*

— *Pergunta: Quem são seus amigos?*

— *Fernando Pessoa: Não tenho realmente verdadeiros amigos íntimos, e mesmo aqueles a quem posso dar esse nome, no sentido em que geralmente se emprega essa palavra, não são íntimos no sentido em que eu entendo a intimidade. Um amigo íntimo é um dos meus ideais, um dos meus sonhos cotidianos, embora esteja certo de que nunca chegarei a ter um verdadeiro amigo íntimo.*

— *Pergunta: Qual sua visão sobre a vida?*

— *Fernando Pessoa: A vida moderna é um ócio agitado. O antigo artesão tinha de trabalhar; o atual operário tem de fazer uma máquina trabalhar. Movemo-nos muito rapidamente de um ponto onde nada está sendo feito para outro ponto onde não há nada a fazer, e chamamos isto a pressa febril da vida moderna. Não é a febre da pressa, mas pressa da febre.*

— *Pergunta: Qual o motivo de escrever sob heterônimos?*

— *Fernando Pessoa: Com uma tal falta de literatura, como há hoje, que pode um homem de sensibilidade fazer senão inventar os seus amigos, ou, quando menos, os seus companheiros de espírito? Sinto-me múltiplo. Sou como um quarto com inúmeros espelhos fantásticos que torcem para reflexões falsas uma única anterior realidade que não está em nenhuma e está em todas. Por qualquer motivo temperamental, construí dentro de mim várias personagens distintas entre si e de mim, personagens essas a que atribuí poemas vários que não são como eu, nos meus sentimentos e idéias, os escreveria.*

— Pergunta: Conte-nos algo sobre seu cotidiano em Lisboa.

— Fernando Pessoa: Há em Lisboa um pequeno número de restaurantes ou casas de pasto que sobre uma loja com feitio de taberna decente se ergue uma sobreloja com feição pesada e caseira de restaurante de vila sem comboios. Nessas sobrelojas, salvo ao domingo pouco freqüentadas, é comum encontrarem-se tipos curiosos, caras sem interesse, uma série de apartes na vida. O desejo de sossego e a conveniência de preços levaram-me, em um período da minha vida, a ser freqüente em uma sobreloja dessas. Jantava sempre pouco e acabava fumando tabaco de onça. Reparava extraordinariamente para as pessoas que estavam, não suspeitosamente, mas com um interesse especial; mas não as observava como que perscrutando-as, mas como que interessando-se por elas sem querer fixar-lhes as feições ou detalhar-lhes as manifestações de feitio.

— Pergunta: E Ofélia, sua noiva?

— Fernando Pessoa: Há um vago número de muitos meses que me vê olhá-la constantemente, sempre com o mesmo olhar incerto e solícito. Eu sei que tem reparado nisso. E como tem reparado, deve ter achado estranho que esse olhar, não sendo propriamente tímido, nunca esboçasse uma significação. Sempre atento, vago e o mesmo, como que contente de ser só a tristeza disso... Mais nada... E dentro do seu pensar nisso — seja o sentimento qual seja com que tem pensado em mim — deve ter perscrutado as minhas possíveis intenções. Deve ter explicado a si própria, sem se satisfazer, que eu sou ou um tímido especial e original, ou uma qualquer espécie de qualquer coisa aparentado com o ser louco.

Quantas horas tenho passado em convívio secreto com a idéia de si! Temo-nos amado tanto, dentro dos meus sonhos! Mas mesmo aí, eu lho juro, nunca me sonhei possuindo-a. Sou um delicado e um casto mesmo nos meus sonhos. Respeito até a idéia de uma mulher bela.

Alguns poemas

O Amor, quando se revela...

O amor, quando se revela,
Não se sabe revelar.
Sabe bem olhar p'ra ela,
Mas não lhe sabe falar.
Quem quer dizer o que sente
Não sabe o que há de dizer.
Fala: parece que mente
Cala: parece esquecer

Ah, mas se ela adivinhasse,
Se pudesse ouvir o olhar,
E se um olhar lhe bastasse
Pra saber que a estão a amar!
Mas quem sente muito, cala;
Quem quer dizer quanto sente
Fica sem alma nem fala,
Fica só, inteiramente!

Mas se isto puder contar-lhe
O que não lhe ouso contar,
Já não terei que falar-lhe
Porque lhe estou a falar...

(Fernando Pessoa)

❧

Dobrada à moda do Porto

Um dia, num restaurante, fora do espaço e do tempo,

Serviram-me o amor como dobrada fria.
Disse delicadamente ao missionário da cozinha
Que a preferia quente,
Que a dobrada (e era à moda do Porto) nunca se come fria.

Impacientaram-se comigo.
Nunca se pode ter razão, nem num restaurante
Não comi, não pedi outra coisa, paguei a conta,
E vim passear para toda a rua.
Quem sabe o que isto quer dizer? Eu não sei, e foi comigo...
(Sei muito bem que na infância de toda a gente houve um
jardim, particular ou público, ou do vizinho. Sei muito bem
que brincarmos era o dono dele. E que a tristeza é de hoje.)

Sei isso muitas vezes,
Mas, se eu pedi amor, por que é que me trouxeram
Dobrada à moda do Porto fria?
Não é prato que se possa comer frio,
Mas trouxeram-mo frio.
Não me queixei, mas estava frio,
Nunca se pode comer frio, mas veio frio.

(Álvaro de Campos)

∞

O Amor é uma companhia

O amor é uma companhia.
Já não sei andar só pelos caminhos,
Porque já não posso andar só.
Um pensamento visível faz-me andar mais depressa
E ver menos, e ao mesmo tempo gostar bem de ir vendo tudo.

Mesmo a ausência dela é uma coisa que está comigo.
E eu gosto tanto dela que não sei como a desejar.
Se a não vejo, imagino-a e sou forte como as árvores altas.
Mas se a vejo tremo, não sei o que é feito do que sinto na
[ausência dela.

Todo eu sou qualquer força que me abandona.
Toda a realidade olha para mim como um girassol com a cara
[dela no meio.

(Alberto Caieiro)

☙

Eros e Psiquê

Conta a lenda que dormia
Uma Princesa encantada
A quem só despertaria
Um Infante, que viria
De além do muro da estrada.

Ele tinha que, tentado,
Vencer o mal e o bem,
Antes que, já libertado,
Deixasse o caminho errado
Por o que à Princesa vem.

A Princesa adormecida,
Se espera, dormindo espera,
Sonha em morte a sua vida,
E orna-lhe a fronte esquecida,
Verde, uma grinalda de hera.

Longe o Infante, esforçado,
Sem saber que intuito tem,
Rompe o caminho fadado,
Ele dela é ignorado,
Ela para ele é ninguém.

Mas cada um cumpre o Destino —
Ela dormindo encantada,
Ele buscando-a sem tino
Pelo processo divino
Que faz existir a estrada.

E, se bem que seja obscuro
Tudo pela estrada fora,
E falso, ele vem seguro,
E vencendo estrada e muro,
Chega onde em sono ela mora,

E, inda tonto do que houvera,
À cabeça, em maresia,
Ergue a mão, e encontra hera,
E vê que ele mesmo era
A Princesa que dormia.

(Fernando Pessoa)

Que morta esta hora!

Que alma minha chora
Tão perdida e alheia?...
Mar batendo na areia,
Para quê? Para quê?
P'ra ser o que se vê

Na alva areia batendo?
Só isto? Não há
Lâmpada de haver —
— Um — sentido ardendo
Dentro da hora — já
Espuma de morrer?

(Fernando Pessoa)

Há dois dias que não vejo

Há dois dias que não vejo
Meio de tornar-te a ver
Se os outros também não vissem
Desejava sem sofrer

Se tudo o que há é mentira
E mentira tudo o que há
De nada nada se tira
A nada nada se dá

Se eu pudesse te dizer
Aquilo que nunca te direi
Terias que entender
Aquilo que nem eu sei

Todas as coisas que dizes
Afinal não são verdade
Mas, se nos fazem felizes
Isso é a felicidade

Dias são dias, e noites

São noites e não dormi...
Os dias a não te ver
As noites pensando em ti.

Breve momento em que um olhar
Sorriu ao certo para mim
És a memória de um lugar
Onde já fui feliz assim

Se estou só, quero não estar
Se não estou, quero estar só,
Enfim quero sempre estar
Da maneira que não estou

Quase anônimo(a) sorris
E o sol doura o teu cabelo
Porque é que, para ser feliz,
É preciso não sabê-lo?

Sonhei, confuso, e o sono foi disperso
Mas, quando despertei da confusão
Vi qu'esta vida aqui e este

Meu coração sempre a bater
Parece estar-me a lembrar,
Que se um dia te esquecer
Será por ele parar.

Tenho cá para comigo
Uma cisma sempre a teimar
É se quero estar contigo
Ou contigo quero estar!

(Fernando Pessoa)

Conclusão

O sol continua a brilhar

Antigo filósofo imaginou o pensamento e o monólogo do galo, em fábula que perdura:

Eu acreditava ser o mordomo do senhor Sol. Todas as manhãs levantava-me altaneiro e o meu canto claro varava os ares. E logo abriam-se as portas do dia, com a força desse cantar da madrugada. A luz do Sol se abria em amplitude e alegria, e a vida recomeçava. Porém, um dia, e triste dia foi aquele, perdi a voz e não pude saudar o Vivificador, esse que eu acreditava chamar cada manhã. E ele não deixou de surgir e de espargir claridade! E de abraçar em alegria e luz todo o universo, o ingrato! Quem sou eu? Que faço neste mundo? Para que serve afinal o galo-homem?

E o deus dos Recomeços, impassível, diante de tamanha dor e tamanha impotência, expandia-se em gritos de esplendor.

Estava dando o seu recado de que tudo que morre ressuscita, tudo o que vai retorna, tudo o que termina recomeça.

A humanidade tem, entre os seus sonhos mais persistentes, o desejo de perenidade. O miserável quer sair da miséria, mas não quer sair da vida, seja ela como for. Todos recuam e se abatem, ao vir a indesejada das gentes. No entanto, que grande alívio e que grande amiga ela pode ser às vezes! Pois o homem, verme da terra, procura com todas as forças viver mais, de qualquer maneira. Continuar é o verbo. A ciência procura em vão o existir para sempre e, mais do que isso, existir em juventude e viço. O homem escreve e pinta e esculpe, e compõe, para sobreviver de algum modo. As religiões prometem outra vida, do lado de lá, onde os anjos compõem loas de um céu que não termina. Cada um pesquisa ansiosamente no seu próprio eu a prova de que a alma em si está viva e é infinita.

Para o sonho de cada vida, nada termina e nós habitamos a eternidade.

Enquanto isso acontece em cada criatura que é por si mesma o mundo, o glorioso sol repete o mandamento único e igual de todos os dias, desde os começos se os houve, até o abismo dos tempos se os houver. Ele repete de que maneira nos furtaremos afinal à morte: sol, negação da finitude, que todos os dias morre, e todos os dias renasce.

Recebendo o apelo quente do astro rei, clamava o poeta: "Nunca morrer assim, num dia assim, de um sol assim..."

Tinha razão o poeta. Vivemos num país em que o sol está sempre à vista, generosamente vaidoso. O Brasil, de que não falamos no decorrer do livro, mas que merecia esta menção, é um país alegre e vivaz por conta de muitos crepúsculos de ocaso e de alvorecer, um lugar em que o sol reluta em se pôr.

Mencionamos o Brasil apenas para lembrar das belezas que o sol que aqui preferencialmente habita nos oferece.

No Brasil o dia é um herói. Um herói que agoniza, esvaindo-se em luz e cores ao vir da noite. Que explode em luz depois de um longo caminho, pela madrugada.

E que são cachoeiras, senão o sol liqüefeito, que se despenha e espadana e se estilhaça sobre o silêncio das pedras?

Que é o mar senão o sol-safira, ralando, gemendo e se contorcendo, na monstruosa concha do seu leito definitivo?

Que são as brenhas senão o sol sussurrando ao vento, chiando e acenando no milagre cotidiano da clorofila?

Que é a vida, afinal, senão o grito do sol arrancando faíscas da terra que desmaia de amor?

Timoneiro do azul, ó sol desse gigante meu país!, que irisas com tua luz o lago e a fonte, asas de borboleta e frutos saborosos. E quedas-d'água. E a Amazônia, assombrosa. E os píncaros azulados, "desde os topes de erguida serrania, até as profundas solidões da mata". Tudo isso é Brasil, traçado, vivido em luz. Tudo isso é Brasil, terra do sol, filho do sol, pátria do sol, berço do sol. Aleluia!

Nós, brasileiros, estamos recomeçando, agora e sempre, no rastro claro do sol.

No rastro claro do sol em que viveram nossos personagens, heróis deste livro. Morreram quase todos de morte morrida. Alguns quiseram a morte gloriosa e sinfônica; outros buscaram e encontraram o drama; outros, ainda, de maneira mais branda acenaram o seu adeus. Mas morreram. Não estão mais aqui e não podem continuar a contemplar o sol ou os sóis ou o que quer que seja que brilhe e que ilumine.

Ou melhor: morreram nada! Há realizações que imortalizam os autores. E por isso pessoas que viveram vidas iluminadas não se acabam, não vão embora, não são obscurecidas por sete palmos de terra. Vidas assim prosseguem imortalizadas e continuam como sinal de que em todos os tempos e em todos os lugares sempre haverá um brilho de sol, de farol, norte, meta, guia.

Morreram nada. Há mais de dois mil anos o jovem guerreiro Alexandre da Macedônia desafiava o mundo com sua audácia e com sua loucura por todas as conquistas que ousara empreender. Filho de rei, rei se fez. Filho de guerreiro, fez-se guerreiro. E o mundo se assombrou diante do seu brilho. Superou o pai, entrou para a história. Lutou, sofreu, chorou, errou e acertou — viveu! O jovem rei nunca mais será esquecido — não morreu, pois.

Lampião, guerreiro audaz, justiceiro, religioso, apaixonou-se pela mulher do sapateiro, e fez dela sua mulher, rainha do sertão, Maria Bonita, Santinha. Não importa em nossa narrativa se as ações do Capitão Virgulino foram exageradas ou se matou gente inocente ou se isso ou se aquilo. Não quisemos em nossas histórias os paladinos da moralidade, mas as almas fortes, as almas poderosas, que foram, são e serão fundamentais para o mundo. Virgulino Guerreiro, o Lampião, iluminou e iluminará para sempre o imaginário do povo nordestino.

Beethoven morreu? Ora, basta ouvir a sua música nos recitais, basta ouvir suas obras-primas sendo tocadas, cantadas, encenadas, aplaudidas nos quatro cantos da Terra, e lá estará, vivo, brilhante e belo, o jovem e velho Ludwig. A humanidade se emociona e se ilumina com a imortalidade da herança de Beethoven. A surdez não matou sua música, e do mesmo modo a morte não sufocou sua história.

E a Irmã Morte de Francisco de Assis? E a loucura desse jovem apaixonado que desafiou toda a ordem estabelecida e que não teve medo de ser considerado louco? O que importava? Não se pode então conversar com peixes, andorinhas, lobos? Não se pode cantar a lua ou o sol como irmãos companheiros? E quem é que tem autoridade para dizer o que pode e o que não pode? Quem é que tem poder para não reconhecer a realeza do noivo de Dona Pobreza? Francisco, o jovem de Assis, é um marco eterno de generosidade e de sensibilidade e, ao mesmo tempo, é tão guerreiro e revolucionário como Alexandre ou Lampião. É um revolucionário da mansidão, como Luther King, o homem do sonho permanente e vivo.

A humanidade mudou com o sonho de Martin Luther King Jr. — um sonho sonhado junto com uma multidão de pacifistas que travaram uma guerra santa, no sentido nobre da palavra, em benefício de um mundo melhor. Guerreiro. Valente. Corajoso. Mas acima de tudo sensível à dor e ao desespero de sua gente. O seu sonho não era da dominação de sua raça sobre qualquer outra — era o sonho de uma irmandade. Afinal estamos todos sendo iluminados pelo sol.

A beleza da escrita enamorada de Guimarães Rosa repousa sobre o respeito ao sentimento de seu povo. A herança de um marco da literatura — ah!, se essa juventude se pusesse a ler e a contemplar obras profundas, se deixasse alguma coisa efêmera de lado e se apropriasse da fundura de linguagem de Guimarães! De Guimarães ou de Pessoa, o poeta completo. O poeta livre. Sofrimento teve. Dor teve. Fingiu-a e experimentou-a. Tristeza danada que só fez engrandecer a sua poesia. Sua poesia e sua Pessoa estarão elevando mais e mais mulheres e homens a contemplarem o sol, a contemplarem a luz.

E o que fica desses personagens? Cada um dirá por si. Fica a inquietação da vida, a ânsia da realização. E há muito o que ser realizado sob a calidez plácida do sol.

Mas, ai, mesmo neste Brasil, país tropical, cantado e festejado, terra de sol, de gente de todos os cantos, terra abençoada, cheia de riquezas, cheia de juventude, permanece a tristeza da injustiça. A injustiça reclamada por Virgulino continua reinante. Em outros cantos do mundo também há brumas e escuridões. A discriminação sofrida por Luther King não quer partir. A covardia dos que se acomodam, dos que estão fartos da riqueza, que deixou inertes os soldados de Alexandre, continua a existir.

Quem sabe a música de Beethoven, a literatura de Guimarães Rosa, a poesia de Pessoa e a santidade de Francisco de Assis nos ajudem a construir uma nova civilização.

O sol é sinônimo de luz. A luz é sinônimo de vida. A vida é sinônimo de amor. Sol, luz, vida, amor. Os antagonismos, os paradoxos parecem dificultar a lavoura e a colheita do amor. Mas eis o desafio. Com toda a injustiça, a guerra, a morte, o ódio, a violência, o sol não deixa de brilhar. Faz a sua trajetória digna e continuada.

O sol é a metáfora do vôo altaneiro e certeiro. A metáfora da vida intensa, vivida com grandeza. O sol é a luz que ilumina e que faz iluminar!

Esse foi nosso modesto intento — despertar esses sóis adormecidos. Esses jovens gigantes de potencialidade e de luz. Essas moças e esses moços, para que um novo horizonte possa ser descortinado, para que um novo tempo nasça — uma civilização em que a luz do sol ilumine menos o ódio e a morte e mais o amor e a vida!

CTP, IMPRESSÃO e ACABAMENTO

Av. Alexandre Mackenzie, 619 - Jaguaré - SP - CEP 05322-000
Tel.: (11) 6099 7799 (PABX) - ramais 1408 - 1411 - São Paulo - Brasil